산들바람

하느님께 다가가게 해주는 짧은 이야기들 6

닐 기유메트 / 김성현

이 책은 홍보수단을 통하여 복음을 전하는
성바오로수도회 수도자들이
제작한 것입니다.

A Gentle Breeze
by
Nil Guillemette, S.J.
ⓒ ST PAULS/Makati, Philippines 1989
ⓒ ST PAULS/Seoul, Korea 1997
103-36 Mia 9Dong Kangbuk-Ku 142-109 Seoul Korea
Tel.(02)986-1361~4 Fax.986-1365

다시 음성이 들려 왔다.
"앞으로 나가서 야훼 앞에 있는 산 위에 서 있거라."
그리고 야훼께서 지나가시는데
크고 강한 바람 한 줄기가 일어 산을 뒤흔들고
야훼 앞에 있는 바위를 산산조각 내었다.
그러나 야훼께서는 바람 가운데 계시지 않았다.
바람이 지나간 다음에 지진이 일어났다.
그러나 야훼께서는 지진 가운데도 계시지 않았다.
지진 다음에 불이 일어났다.
그러나 야훼께서는 불길 가운데도 계시지 않았다.
불길이 지나간 다음 조용하고 여린 소리가 들려 왔다.
엘리야는 목소리를 듣고 겉옷자락으로 얼굴을 가리우고….

1열왕 19,11-13

차 례

1 7 · 마음 속의 갈망
2 각자에게 맞는 그 자신의 소명 · 15
3 25 · 이상한 대회
4 완전한 바보 · 37
5 45 · 문제의 핵심
6 하느님은 어느 편? · 57
7 65 · 위험한 덕
8 다만 지나가 버리고 마는 것 · 83
9 97 · 기다림의 필요성
10 거짓 없는 진실 회사 · 109
11 121 · 패배 가운데서의 승리
12 작은 것이 아름답다 · 127
13 137 · 한 순간의 꿈
14 가장 큰 선물 · 147
15 159 · 대소동
16 암 호 · 171
17 183 · 독수리의 눈
18 믿어라, 그렇지 않으면… · 191
19 199 · 깊은 우물
20 누가 아는가? · 209
21 219 · 3W
22 웃음이 없는 컴퓨터 · 227
23 239 · 성인께서 돌아가셨다

1
마음 속의 갈망

"사람들이 너 이상 신앙심을 가지려 하지 않는 것보다
우리가 이 세상 것으로 사람들을 만족시켜 줄 수 있다고
믿는 바로 그 아편과 같은 믿음이 오히려 위험한 것이다."

제임스 V. 샬, 「악당들의 찬양」

마음 속의 갈망

옛날 아득히 멀리 떨어져 있는 한 나라에 굴라가라는 완벽한 한 도시가 있었다. 그 도시는 모든 사람이 완벽하다고 믿했기 때문에, 아니면 적어도 시장, 시의회, 매스 미디어, 과학자들, 증권 중개인들, 사색가들 그리고 부자들과 부자가 되어 가고 있는 사람들 모두가 그렇다고 생각했기 때문에 완벽했다. 물론, 굴라가가 완벽하다는 사실에 대해 반대자들도 몇 명 있었는데, 은퇴한 몇몇 성직자들이 그들이었다. 그러나 그들 말에 귀를 기울이는 사람은 아무도 없었다. 여론을 형성한 사람들이 만장일치로 주장하는 것은 굴라가가 완벽한 도시라는 것이었다. 그러고는 아무런 문제삼는 일 없이 그냥 그것으로 끝이었다. 어떻게 그렇게 똑똑하고 잘 차려 입은 많은 사람들이 틀릴 수가 있겠는가?

그런데 굴라가는 왜 완벽하다고 판단하는 것이었을까? 굴라가는 물질적인 안락함, 고도로 발달한 기술과 은밀한 쾌락 등

인간이 바랄 수 있는 모든 것을 갖추고 있었기 때문이다. 이와 같이 행복한 상태는, 계급 차별이 없는 평등 사회를 태동시킨 1세기 전의 유혈 사회혁명이 이루어 낸 결과였다. 여기에다, 굴라가는 높은 산들로 둘러싸인 아름다운 계곡 안에 위치하고 있었으며, 그 도시의 사색가들은 공공연히 그 산들 너머에는 절대적으로, 완전히 텅 빈 공간밖에는 아무것도 존재하지 않는다고 주장하고 있었으므로 그야말로 굴라가는 문자 그대로 세계의 중심 도시였다.

어떻게 식견 있는 모든 사람이 하나같이 이 주장을 그렇게 확고하게 받아들여 왔는지는 분명치 않지만, 한 가지 분명한 사실은 어느 누구도 그 주장에 결코 의문을 품지 않았다는 것이다. 굴라가의 시민들은 많은 일들에 대해 가벼운 논쟁을 즐기곤 했으나 굴라가는 완벽하며, 그 도시의 산들 너머에는 아무것도 존재하지 않는다는 두 가지 믿음만은 모두가 생각을 같이했다.

물론 굴라가 사람들의 믿음과 같이 단순하고도 순박한 믿음에도 문제가 없는 것은 아니었다. 그들에게 전해져 내려오는 그 주장을 온 힘을 다해 지키고 있으면서도 주민들 중에는 현실이 그렇다는 것을 남몰래 유감스럽게 생각하는 사람들도 있었다. 물론 그들 입장에서는 그런 유감을 인정한다는 것은 매우 비애국적인 행동으로 여겨졌지만, 사실 대부분의 굴라가 사람들은 두 가지 믿음을 무감각하게 말하면서도 깊은 비애를 느끼고 있었다. 아마도 그들 가운데 몇몇 사람들은 그 믿음에 대해 자신이 유감을 갖고 있다는 것을 미처 깨닫지도 못하고 있는 것 같았다. 그렇지만 그들이 그 믿음에 유감을 느끼고 있다는 것은 엄연한 사실이었다.

이 은밀한 비애감은 때때로 불면증으로 드러나곤 했다. 이 잠 못 이루는 밤 깊은 시간에 수많은 굴라가 사람들은 조심스럽게 침대에서 기어나와 베란다로 나와서는 향수에 젖은 눈으로 산들을 바라보면서 한참 동안 서 있곤 했다. 그들은 통절한 상실감에 젖어 이렇게 되뇌곤 했다.

"저 산들 너머에 아무것도 없다는 것은 얼마나 애석한 일인가!"

그러나 그들은 곧 우울한 생각들을 떨쳐 버리고는, 어쨌든 적어도 굴라가는 완벽하다는 생각으로 위안을 삼으며 침대로 돌아오곤 했다.

이 모든 것은, 이 믿음이 얼마나 오랜 세기 동안 전해져 내려왔으며, 또한 영원할 것이라는 사실을 알고 있는 사람들에게는 계속될 수 있는 일이었다.

그러나 영원히 자기 만족에 젖어 있을 이 도시에 평온을 깨뜨리는 어떤 사건이 발생했다. 이느 날 홀연히 한 방랑자가 찾아온 것이다. 그의 이름은 아이오사스였다.

어떤 도시든 방랑자가 흔히 있는 일이었으나 굴라가 사람들에게는 방랑자란 있을 수 없는 일이었다. 사실 방랑자란 외부의 어딘가에서 들어와야만 하는 것인데, 굴라가 사람들은 산들이 바로 우주의 경계선이고 굴라가의 외부에는 아무것도 존재하지 않는다고 믿고 있었기 때문이다. 따라서 방랑자란 있을 수 없을 뿐 아니라, 그는 엄연히 살아 있는 신성모독이었다.

게다가 아이오사스라는 이 특이한 방랑자는 모든 거리 모퉁이에서 기쁨에 차서 굴라가의 산들 너머에는 경이롭고도 아름다운 광대한 세계가 펼쳐져 있다고(이단 중의 이단인) 외쳤다. 그는 이것을 어떻게 알았을까? 그 자신이, 굴라가 사람들이 단지 한 알의 모래 알갱이에 지나지 않는다고 생각해 온 넓고도 믿기 어려운, 경이로운 세계에서 왔기 때문이다.

　아이오사스가 기쁜 소식으로 공포한 이 기상천외한 이야기는 순식간에 번개같이 도시 전체에 퍼졌다. 그리하여 사흘이 못 되어 매스 미디어에서는 신중을 기하라는 경고를 받았다. 그들은 아이오사스와 인터뷰를 했고, 영악하게도 이 사건을 아직까지 알려지지 않은 정체불명의 어떤 집단이 교묘하게 꾸며 낸, 이목을 끌기 위한 선전이라고 비중을 두지 않고 가볍게 다루었다. 대부분의 신문들은 아이오사스를 호감을 주는 미친 사람 정도로 취급했으며, 전체 사건을 보도 가치가 적은 뒷면에 짧은 단편 기사로 처리했다.

　그러나 불행하게도 사건은 여기서 끝나지 않았다. 흔히 공교로운 일이 그러하듯, 보도 기관들은 아이오사스가 전체 주민들에게 나타남으로 해서 파급될 충격에 대해 완전히 잘못된 판단을 했던 것이다. 사실 굴라가의 모든 가정은 아마도 아이오사스가 굴라가의 산 너머에서 믿을 수 없는 온갖 경이로운 일들을 보았을 것이라는 생각으로 이상한 흥분에 사로잡혔고 그가 한 말을 되풀이해서 입에 올렸다. 마침내 그의 말은 그들 주위에서 의심의 여지가 없는 사실처럼 여겨졌고, 더 나아가 아이오사스를 온전한 마음의 소리를 지니고 있는 사람으로 여겼다.

　곧 많은 사람들이 개인적으로 그를 찾아왔고, 이어 사람들이 그의 말을 듣기 위해 떼를 지어 찾아왔으며, 마침내는 걷잡을 수 없이 많은 군중이 그 주위에 모여들었다. 이것은 더 이상 지켜볼 수만은 없는 아무래도 너무 심각한 일이었다. 특히 시민 국가 안전보장 위원회와 과학기술 애국 연합과 같은, 가장 올바른 사고를 한다고 자인하는 단체들이 생각할 때 이것은 심각한 사태였다. 어떤 조치를 취해야만 했다.

정말 어떤 조치가 취해졌다. 어느 날 밤, 아이오사스는 그 도시의 한 공립공원에서 체포되어 투옥되었다. 그가 이단이라는 사실을 입증하기 위한 간단한 심문이 있은 후, 다음 날 아침 사격 부대가 그를 총살할 것이라는 사형선고가 내려졌다. 또한 그와 함께, 이단적 주장을 받아들였던 한 이류 시인과 날품팔이 잡역부 할머니 한 분에게도 사형선고가 내려졌다.

이튿날 새벽, 이들에게 사형이 집행되었다. 그렇지만 이 희생자들의 피투성이 몸에 아직도 온기가 남아 있을 때, 굴라가의 많은 주민들은 소리 없이 짐을 꾸려 산을 향해 나아가고 있었다. 그들은 산 너머에 무엇이 있든 없든 그들 자신이 직접 알아볼 작정이었다.

2
각자에게 맞는 그 자신의 소명

"모든 인간은 하느님께 가까이 다가갈 수 있다.
하지만 다가가는 방법은 각기 다르다."

마르틴 부버, 「인간의 길」

각자에게 맞는 그 자신의 소명

　준이 아버지의 작은 간이식당을 물려받았을 때 그의 나이 겨우 열아홉 살이었다. 그 식당은 마을의 중심가 한복판의 아주 목이 좋은 곳에 있었지만 이제껏 한 번도 호황을 누려 본 적이 없었다. 그러나 그의 아버지는 한 번도 식당이 번창하길 바라지 않았다. 그 노인은 신앙심이 매우 깊었으며, 그 자신의 일에 특별한 관심을 쏟는 것은 그것이 어떠한 것일지라도 하느님께 관심을 덜 갖는 것이라고 믿었던 것이다. 그는 자주 침울해하며 "나는 직업을 잘못 택했어. 난 성직자가 되었어야 했는데."라고 중얼거리곤 했다. 그는 만년에는 눈에 띄게 더 자주 자신 안으로 움츠러들었고 손님들에게 소홀히 하는 때가 많아졌다. 그들은 주인의 의기소침함을 느끼고는 소곤소곤 은밀히 이야기하다가 식사를 끝내기 무섭게 바로 떠나곤 했다. 그 후 많은 사람들은 다시는 그 식당에 오지 않았다.
　준이 간이식당을 이어받았을 때 상황은 이러했다. 아버지가 돌아가셨을 때 준은 갓 대학을 졸업하고 마음 속에 어떤 특정한 직업을 정해 놓은 상태도 아니었기 때문에 잠시 동안 그 일을 계속하기로 했다. 그가 그 일 자체에 어떤 특별한 관심을 갖고 있었던 것은 아니었다. 그러나 그는 적어도 그 자신에게 적합한 직업을 결정할 때까지는 그 식당을 계속 운영해 나가는 것이 아버지에 대한 도리라고 생각했다.

열아홉 살의 젊은이라면 누구라도 쓰러져 가는 사업을 일으켜 번창시키는 도전에 스릴을 느꼈을 것이다. 그렇지만 준은 보통 젊은이와는 달랐다. 그는 식당과 함께 아버지의 깊은 신앙심도 이어받았던 것이다. 그가 정말로 관심을 갖고 있는 것은 하느님을 발견하는 일이었다. 어렸을 때부터 이것은 그의 최우선적인 관심사였다. 하지만 그는 겉으로는 그렇지 않은 척 조심스럽게 감추었다. 그래서 아버지의 장례를 치른 후 식당을 다시 열었을 때 그는 마치 하느님을 배반하는 것같이 느껴졌다. 과연, 별로 중요하게 여겨지지 않는 여러 유형의 허기진 손님들에게 식사 시중을 들어야 하면서, 진정 궁극적으로 중요한 유일하신 하느님께 어떻게 온전히 일생을 바칠 수 있겠는가?

이렇게 3년이 흘렀다. 3년 동안 준은 마지못해 식당을 운영하는 시늉만 하고 있었다. 그는 그의 삶에 만족하지 못했다. 그는 아버지가 하루에도 여러 번 그랬던 것처럼, 현재 그가 하고 있는 것보다 훨씬 더 자주 기도하고 영성 서적들을 읽고 성서를 묵상하기를 원했다. 그러나 이제 가게 분위기의 어떤 변화를 감지한 손님들은 더 많이 와서 새벽부터 밤늦게까지 그를 정신 없이 바쁘게 만들곤 했다. 그 결과, 준은 더 관상적인 삶을 살기 바라는 그의 이상과 식당의 늘어나는 손님들의 요구

사이에서 갈등을 느끼게 되었다.

그래서 3년 후, 준은 그 밖의 다른 일은 어떠한 것이라도 전혀 마음에 두지 않고, 그 자신이 직접 하느님을 찾아 나설 때가 왔다고 결정했다. 준의 이러한 각본을 눈치채고 그의 계획에 대해 충고해 준 한 현명한 노신부가 아니었더라면 그는 식당을 팔았을 것이다. 그래서 그렇게 하는 대신 그는 그 장소를 5년 기한으로, 퇴직한 그의 사촌에게 임대해 주었다. 그러고는 무슨 일이 있든지 꼭 하느님을 발견하고야 말겠다는 각오로 길을 떠났다.

맨 먼저 그가 찾아간 곳은 그의 집 근처에 있는 엄격하기로 유명한 트라피스트 수도원이었다. 그들의 생활은 전부가 힘든 육체 노동과 단식, 기도로 이루어져 있었다. 이것은 준에게 완전히 맞는 생활이었다. 하느님을 관상 수도원에서 발견하지 못한다면 다른 어디서 그분을 발견할 수 있겠는가? 이것이 수사가 되려고 결심했을 때의 그의 생각이었다.

그러나 어떤 이유에서인지 준은 이 수도원에서 하느님을 발견하지 못했다. 주위의 다른 수사들은 하느님을 발견한 것같이 보였다. 그들은 눈에 띄게 행복한 것 같았고, 평화로움으로 얼굴이 환히 빛났으며, 서로에 대한 감탄할 만한 사랑으로 가득 차 있었기 때문이다. 그런데 준은 정말 이 수도회에서 결코 마음이 편하지가 않았으며, 얼마 후엔 건강마저 나빠지기 시작했다. 그 자신뿐만 아니라 그를 매우 좋아했던 수사들이 유감스러워하는 가운데, 그는 1년 후 수도원을 떠나야 했고 관상생활에 대한 미련을 깨끗이 버려야 했다.

그가 그 다음 단계로 한 일은 사제가 되기 위해 신학교에 지원한 것이었다. 그는 이렇게 생각했다.

'의심의 여지 없이, 내게 필요한 건 본당 신부로서 더 활동적인 삶을 영위하는 것이다. 나는 그분의 말씀을 배우고 복음을 신자들에게 설교하며, 성사를 집행하고 증거의 삶을 보임으로써 하느님을 발견할 거야.'

그리하여 그는 신학을 공부하기 시작했다. 그는 꼬빡 2년 동안 신학공부를 했다. 그러나 그는, 매력적인 그의 인간성 때문에 동료 학생들과 교수들 사이에서 매우 인기가 높았음에도 또다시 마음이 편안치 않았다. 다른 신학생들이 하느님을 발견하고 의미 있고 만족한 생활을 하고 있는 것처럼 보인 반면, 그는 잠 못 이루고 안절부절 못하는 날들이 계속되었다. 그의 기도는 언제나 무미건조하고 공허했으며, 하느님에 대해 더 많이 알고 싶어하는 열망에 사로잡혔는데도 공부에는 흥미를 느끼지 못했고, 하루하루가 그에게 아무런 실재적 의미도 없이 자신이 질질 끌려가고 있다는 것을 알았다. 수도원을 떠난 후 좋아졌던 건강은 마침내는 그의 생활에서 오는 긴장으로 인해 다시 나빠졌다. 결론은 뻔한 것이었다. 그는 신학교를 떠나 다른 곳에서 하느님을 찾아야 했다.

세 번째로, 준은 이제까지보다 더 하느님을 발견하기를 갈망하면서 자기에게 맞는 소명을 찾기 시작했다. 이전의 두 체험에서 자신의 소명은 사제나 수도 성소가 아니라는 것을 깨달은 그는 생각했다.

'괜찮아, 나는 평신도로 살아갈 거야. 그렇지만 가난한 이들과 억압받는 이들에게 봉사하는 데 모든 시간과 힘을 쏟으면서 하느님을 발견할 거야.'

그는 2년 동안을 빈민지역에서 무단 거주자들과 함께 살면서 몇몇 부류의 사람들과 삶과 소망을 온전히 함께 나눔으로써 진지하고도 열심히 사회활동을 했다. 그는 몸을 아끼지 않고 그들을 돌보는 데 헌신했으며, 사회 정의구현에 대한 뜨거운 열의를 갖고 있었고, 전심전력을 다해 가난한 이들 편을 들었다. 그런데도 여전히 그는 하느님을 발견하지 못하고 있었다. 이것은 하느님을 발견하기 위한 이전의 두 번의 시도에서 늘상 나타났던 모든 증세―체중 감소, 불면증, 불안, 기도할 수 없음, 그의 삶에 대한 마음 속 깊은 곳에서부터의 뿌리 깊은 불만족 등―가 다시 나타났을 때 분명해졌다. 그래서 유감스럽게도, 또 그의 따뜻한 사랑의 마음과 말없이 온 힘을 다해 행동으로 실천해 좋은 결과를 이루어 내는 그의 능력을 높이 평가했던 모든 사람이 아쉬워하는 가운데, 이러한 종류의 삶이 그의 동료들에게는 하느님을 발견하는 방법임이 분명하지만 자신에게는 아니라는 결론을 내렸다.

그가 집을 떠난 지 어느덧 5년이 흘렀다. 그의 식당의 임대 기간이 곧 만료될 것이었고, 또한 당분간은 특별한 다른 계획도 없었기 때문에 그는 고향으로 돌아가서 적어도 일시적으로라도 아버지의 사업을 다시 시작하는 것도 괜찮으리라고 결정했다. 그래서 그는 집으로 되돌아와 전처럼 다시 식당 운영에 전념했다.

그런데 참 이상하게도 그의 영혼의 열정은 사그라들지 않았고, 하느님을 발견하기 위해 행했던 여러 가지의 시도는 그의 영적인 열정을 더욱 강렬하게 만든 것만 같았다. 단 한 가지 곤란한 점은, 하느님을 사랑하기 위해 그의 삶을 어떻게 살아가야 하는지, 또 하느님을 발견하려는 그의 특이한 강박관념에 대해 무엇을 해야 하는지 그가 전혀 모르고 있다는 것이었다. 그는 그의 모든 미래를 다시 생각해 보고 궁극적으로 그에 대한 하느님의 존재의 의미를 찾아 내고 싶었다. 그러나 유감스럽게도 끊임없이 손님들 시중을 들어야 했고, 음식 재료들을 새로 보충해야 했으며, 지켜야 하는 일정들이 있었다. 그래서 그는 구체적인 세세한 판단을 내리는 것은 당분간 보류하고 더 시급한 이 일들을 정성껏 하기로 결정했다.

　그리하여 준은 최선을 다해 다시 식당을 운영하기 시작했다. 5년 동안 집에서 멀리 떨어져서 생활하면서 그가 체득한 한 가지는, 그리스도인으로서 다른 이들의 삶에 동참하고 그들의 관심, 기쁨과 고통을 함께 나누어야 할 의무가 있다는 것이었다. 따라서 이번에는 손님들의 일에 훨씬 더 많은 관심을 보였다. 특히 장사가 잘 안 되고 거의 손님이 없을 때 손님 중 누군가가 자기 말을 친구처럼 다정히 들어 줄 사람을 필요로 하는 것처럼 보일 때면, 그는 기꺼이 그 손님 식탁에 앉아서 걱정거리를 함께 나누곤 했다.

　이럴 때 준은, 중요한 것은 문제를 갖고 있는 사람이 마음을 활짝 열고 어떤 감정이든지 그 사람을 억누르고 있는 감정을 다 표현할 수 있게 해주는 일이라는 것을 인식하면서 말을 아주 조금만 하곤 했다. 이것은 항상 유익한 결과를 가져와 어쨌든 손님은 좀더 마음이 평화로워지고 자기 문제에 더 잘 대처할 수 있는 힘을 얻어 식당을 떠나는 것이었다. 준은 또한 이와 같이 문제가 있는 사람들을 위해 기도하기 시작했고, 더 절박한 경우에는 단식을 해서 자선을 베풀곤 했다. 점차 손님들은 자신이 이해받고 도움을 얻으리라는 걸 확신하면서 자신의 문제를 그에게 들고 오는 것이 습관이 되었다. 준 또한 사려 깊게, 그들이 자신들의 문제에서 벗어날 수 있는 방법을 찾도록 도와 주거나, 적어도 그리스도인 정신으로 해결책 이상의 것을 수용하는 방법을 찾도록 도와 주곤 했다.

물론 이런 모든 일은 하룻밤 사이에 이루어진 것이 아니었다. 정말로 준이 이러한 역할을 위해 성숙해지고 사람들이 그들 삶에서 그가 결정적으로 중요한 역할을 한다는 것을 인정하기까지는 몇 년이 걸렸다. 그런 한편 그는 식당을 팔고 하느님을 발견하는 또 다른 시도를 하고 싶은 마음이 여러 번 들기도 했다. 그러나 어떻게든 그렇게 하지 못하도록 막는 어떤 장애 요인이 항상 있었다. 게다가 실제로 그는 그의 꿈을 실현시킬 그 밖의 다른 어떤 방법을 전혀 알지 못했다. 그래서 그는 식당을 운영하며, 상담을 원하고 문제를 해결할 힘을 주며 격려를 바라는 누구에게나 도움을 주면서 그대로 눌러 있었다. 자연히 사람들은 그와 이야기하기 위해 점점 더 자주 들르게 되었다. 따라서 식당은 자주, 주로 그를 만나서 그의 말을 들으러 온 사람들로 꽉 차곤 했다.

이것은 그를 당혹스럽게 했다. 왜 사람들은 다만 그에게 이야기하기 위해서 식당에 오는 것일까? 그래서 많은 단골 상담자들로 인해 특히 바빴던 어느 날 그는 방문자 중 한 사람에게 그의 마음을 털어놓았다.

"당신도 아다시피 프레드, 난 왜 그렇게 많은 사람들이 자기들의 개인적인 문제를 내게 얘기하는지 정말로 이해하지 못하겠어요. 나는 신부도 아니고 그저 한 평범한 그리스도인일 뿐인데 말이에요."

그러자 다른 사람이 가식없이 진정 감탄하는 표정으로 그를 바라보며 대답했다.

"아마도 그들 생각엔 당신이 하느님을 발견한 것이 분명하기 때문일 것이오."

각자에게 맞는 그 자신의 소명

3

이상한 대회

"유력한 자를 무력하게 하시려고
세상에서 보잘것 없는 사람들과 멸시받는 사람들,
곧 아무것도 아닌 사람들을 택하셨습니다.
그러니 인간으로서는 아무도 하느님 앞에서
자랑할 수 없다는 말입니다."

1고린 1, 28 - 29

이상한 대회

    그날 밤, 맥시 페이스트리 제과점에 진열되어 있는 빵과 과자들은 굉장히 멋진 시간을 가졌다. 파이, 과일파이, 도넛, 과자, 케이크와 페이스트리라 불리는 온갖 종류의 페이스트리들은 각자 자신의 옷들 가운데 제일 근사한 옷을 차려 입고 빠짐없이 다 참석했다. 그리고 이런 모임에서는 흔히 그렇듯이 모두들 남보다 더 눈에 띄려고 애쓰고 있었다.
    분위기가 무르익어 가던 저녁 어느 순간에, 자기 자신을 다소 너무 심각하게 받아들이는 경향이 있는, 이 축제의 주최자인 뚱뚱한 막대초콜릿이 곧 색다른 대회가 열릴 것이라고 큰 소리로 알렸다. 그는 계속 말했다.
    "에에, 신사 숙녀 여러분! 우리 모임의 교양과 영적인 분위기를…. 에에, 고조시키기 위해서…."
    이때 다소 거칠고 천박한 일단의 롤빵들이 막대초콜릿의 과장된 어조에 숨김없이 떠들썩하게 웃어댔다.

"우리 조직 위원회는 오늘 밤 손님들의 우호적인 재치의 경연을 벌이는 것을 생각해 왔습니다. 자, 종교가 요즘 모든 사람이 열망하는 것이므로, 우리는 이 지적인 경쟁의 적합한 주제는 '하느님은 왜 우리를 창조하셨는가?'(물론 이것은 영감에 따른 주방장의 머리에서 나온 생각이었다.)와 같은 것이라고 생각했습니다."

이번에는 세상물정에 닳고 닳은 고기파이가 이 억지 재담에 짐짓 겸손한 체하며 킥킥거렸다. 막대초콜릿은 계속했다.

"참가자의 기량의 척도는, 구원계획에서 자신의 종교적 역할이 그 의미나 중요성에서 여기 참석하신 모든 분의 역할보다 더 탁월하다는 것을 이곳에 모이신 분들께 얼마나 설득력 있게 증명하는가 하는 것입니다. 다시 말하면, 각 참가자는 하느님이 그를 창조하실 때 다른 동료 페이스트리를 창조하실 때보다 더 높고 더 원대한 목표를 설정해 두시고 창조하셨다는 것을 증명해야 하는 것입니다. 분명히 아시겠습니까, 신사 숙녀 여러분?"

참석자는 모두 말이나 몸짓으로 경기의 조건을 완전히 이해했다는 표시를 했다. 막대초콜릿은 결론을 지었다.

"그렇다면 논쟁은 공식적으로 지금부터 시작되는 것입니다. 자신이 생각할 때 왜 하느님이 자신을 창조하셨으며, 어떤 의미에서 자신의 존재가 다른 동료 페이스트리보다 더 종교적으로 중요한 의미를 갖고 있는지를 어느 분이 제일 처음으로 말씀하시겠습니까?"

이 파티의 예상치 못했던 이런 특별한 진행에 대해 잠시 동안 감탄과 논평으로 동요가 있은 후, 귀부인 같은 카스텔라가 한판승부를 시작하겠다고 자원하며 앞으로 나왔다. 서로 얘기에 열중해 와글거리던 소리는 즉시 가라앉고 모든 시선이 카스텔라에게로 쏠렸다. 그 여인은 어떤 종류의 감정에도 거의 영향을 받지 않는 듯한 태도로 말했다.

"친애하는 페이스트리 여러분, 우리는 모두 태고시대 이래로 물질주의가 초래한 대파괴를 알고 있습니다."

그녀는 이를 꽤 자세하게, 그리고 생생한 실례를 들어 가며 이야기했다. 카스텔라는 계속해서 말했다.

"이처럼 인간들이 물질적인 것에 대해 지나치게 과도한 관심을 가졌기 때문에, 하느님은 인간의 마음을 삶의 영적인 방향으로 드높여야겠다고 생각하셨습니다. 이런 목적에서 그분은 저를 창조하셨습니다. 여러분도 잘 아시다시피 저는 아주 가볍고 부드럽고 하얗습니다. 저는 지나치게 많은 쇼트닝이나 계란 노른자로 만들어지지 않았습니다. 다시 말하면 저의 본질적인 모든 것은 투명함, 가벼움, 자유와 같은 영혼의 천상적 특성들을 그대로 보여 줍니다. 그러므로 모든 종류의 페이스트리 중에 저야말로, 물질주의의 유혹에 대항하는 하느님의 계속적인 전쟁에서 하느님의 가장 강력한 무기가 아니겠습니까?"

이 질문은 경의를 표하는, 장내가 떠나갈 듯한 박수갈채로 환영을 받았다. 카스텔라는 분명히 그녀의 논점을 아주 잘 설파했고, 이미 많은 페이스트리들은 그 다음의 어떤 경쟁자도 그녀의 능변을 따를 수는 없을 것이라고 믿고 있는 것 같았다. 과연 어떤 페이스트리가 구원계획에서 인간의 마음을 삶의 영적인 차원에까지 들어높이는 역할보다 더 큰 역할을 할 수 있겠는가?

그 다음 논쟁자는 차분한 목소리를 가진 도넛이었다. 그는 조용해진 청중에게 단도직입적으로 말했다.

"인간은 모두 마음 속이 텅 비어 있습니다. 그리고 이것은 하느님이 의도하신 바입니다. 그분의 영원한 구원계획에 있어서 인간은 돈, 권력, 쾌락, 안전함이나 친구와 같은 유한한 어떤 것으로 만족감을 느끼도록 운명지어져 있지 않았습니다. 그들의 텅 비어 있는 중심부는, 그것이 비어 있는 하나의 구멍으로 남아 있는다면 영원히 두려움이나 권태의 근원으로서 존재하는 것이며, 그것을 하느님이 채워 주신다면 항구한 기쁨의 근원으로서 존재하는 것입니다. 다시 말하면 인간은 도넛과 같은 것입니다. 도넛은 그 가운데 구멍이 없다면 도넛이 아닌 것입니다. 그렇지만 도넛이 그 뚫려 있는 구멍을 비어 둔 채로 놔둔다면 도넛으로서 자기 뜻을 성취하지 못한 채로 남게 된다고 말할 수 있을 겁니다. 그와 반대로, 배고픈 한 아이가 빨리 먹고 싶어 손가락을 도넛의 구멍에 넣고 먹는다면 도넛은 그 운명대로 뜻을 성취하는 것입니다."

청중은 도넛이 이와 같이 깊은 통찰력을 갖고 있는 데 놀라면서 열심히 듣고 있었다. 그는 계속했다.

"그래서 하느님은 인류에게 그들의 궁극적인 소명을 일깨워 주시려는 명백한 의도로 저를 창조하신 것입니다. 그렇습니다. 신사 숙녀 여러분, 저는 도넛으로서의 제 존재 이유가 여러분 가운데 어떤 분의 존재 이유보다 훨씬 뛰어나다는 것을 자랑스럽게, 또 정중하게 말씀드릴 수 있습니다. 저의 존재 이유는 언젠가 하느님이 당신의 권능으로 채워 주실 인간의 가장 깊은 열망을 예를 들어 증명해 주는 것이나 다름없기 때문입니다."

자기 주장의 요지를 단호하게 힘주어 말하는 이와 같은 웅변에 우레와 같은 박수갈채가 뒤따랐다. 앞서의 카스텔라의 많은 지지자들은 도넛의 강력한 변론에 동요되어 그 자리에서 즉시 도넛에게 충성을 바치는 마음으로 변절했다. 실로 어떤 다른 페이스트리가 인간의 궁극적인 소명을 나타내 주는 도넛의 역할보다 더 고상한 역할을 자신이 하고 있다고 주장할 수 있겠는가?

세 번째 경쟁자는 그녀의 상냥함과 정숙함으로 해서 앞에 나서자마자 모든 청중에게 귀염을 받은, 부드럽게 말하는 손가락 마들렌이었다. 그녀는 수정처럼 투명한 목소리로 말했다.

"제가 저 자신에 대해서만 말한다면 저는 경쟁에서 앞서 말씀하신 두 분보다 결코 감히 더 낫다고 말씀드릴 수가 없습니다. 그러나 전 그렇지가 않습니다. 손가락 마들렌(lady's finger)이라는 제 이름은 실제로 이른바 성모 마리아(Our Lady)를 나타냅니다. 저는 이 자리에 계신 분 중, 구원 역사(歷史)에서 성모 마리아께서 중심적 역할을 하셨다는 사실에 의문을 제기할 분은 아무도 안 계시리라고 확신합니다."

손가락 마들렌은 여기서 부드럽게 청중에게 미소지었다.

"사실 우리는, 하느님의 계획에 관한 한, 하느님의 어머니로서의 그녀의 역할은 하느님의 은총을 세상에 전해 주는 전구자로서 '모든 일에 관여하고 계시다.'고 말할 수 있을 것입니다. 그보다 더 큰 소명이 어떻게 있을 수 있겠습니까? 그런데 그러한 모든 것을 저 손가락 마들렌은 다 반영하고 있습니다."

손가락 마들렌은 순간적으로, 자신의 겸손을 가장한 신중함에 압도당한 듯 연설을 잠깐 멈추었다.

"분명 여러분은 저의 다소 예쁘지 않은 외모가 그렇게 숭고한 하느님의 뜻과는 거의 맞지 않는다고 말할 것입니다. 저도 거기에 동의합니다. 그런데도 하느님은 이제까지 존재했던 피조물 중 가장 고귀한 피조물에게 적합하게 헌신할 것을 인류의 마음 속에 영원히 살아 있게 하시기 위해 저를 창조하셨다는 사실은 변함 없이 그대로 있는 것입니다."

이 결론에 또다시 장내가 떠나갈 듯한 열렬한 박수갈채가 터져 나왔고, 모든 참석자는 카스텔라, 도넛, 손가락 마들렌 중에서 누가 종교적 역할을 가장 잘 고취시켰는지 결정을 내리기란 이미 매우 어렵다는 것을 알았다.

그러나 대회는 도무지 끝날 기미가 보이지 않았고, 줄줄이 이어지는 참가자들의 열변도 처음의 세 사람 못지않았기 때문에 참석자들의 혼란스러움은 점점 더 가중되기만 하는 것이었다. 그리하여 청중은 젤리 롤, 슈크림, 롤빵, 머핀, 쿠키, 에클레어, 컵 케이크, 초콜릿 케이크, 그리고 페이스트리 전문점의 다른 많은 빵과 과자들의 주장에 이론적 뒷받침이 얼마나 탄탄하게 잘 되어 있는가 평가를 내리느라 고심했다.

뒤편에서 내내 겸손하게 아무 말 없이 자리를 지키고 있는 조용한 한 인물만 제외하고는 모든 참석자가 한참 동안 연설을 했다. 그것은 바로 일반 가정에서 일상적으로 먹는 평범한 식빵이었다. 동료들이 모든 참석자 중 그만이 유일하게 발표를 하지 않은 것을 알았을 때, 그들은 얌전 빼지 말고 거리낌없이 말하라고 그를 재촉했다.

마지못해 식빵은 그들의 뜻을 따랐다.

"하느님은 왜 저를 창조하셨을까요?"

그는 생각에 잠긴 어조로 물었다.

"글쎄요, 제 추측으로는, 그분은 쉽게 구울 수 있고 값싸게 살 수 있는 아주 평범하고도 거친 어떤 빵이 필요하다고 생각하셨던 것 같습니다."

여기서 식빵은 청중들이 감탄할 정도로 겸허하고 진솔한 미소를 지은 다음 계속해서 말했다.

"그러나 하느님이 죽 둘러보셨을 때 여러분 모두는 멋진 장식을 하고 화려한 모습이었습니다. 여러분은 모두 너무 아름다우셨고 그분의 목적에는 좀처럼 맞지 않았습니다. 그래서 그분은 성체 안에 계신 그분 아드님의 지체가 되도록 모든 종류의 페이스트리 중 가장 보잘것 없는 저를 창조하신 것입니다."

그리고 나서 식빵은 변명하듯 덧붙였다.

"의심할 바 없이, 만일 하느님이 더 평범하고 거친 또 다른 어떤 빵을 생각하셨다면 그분은 저 대신 그런 빵을 창조하셨을 겁니다."

식빵은 구세사에서 자신의 역할이 어떻게 최고로 중요한지를 강조한 다른 페이스트리들과는 달리, 자신의 역할을 전혀 강조하지 않고 그냥 단 위에서 내려왔다. 강조할 필요가 없었다. 모든 참석자가 그의 역할이 분명 최고일 거라는 사실을 알았기 때문이었다. 어색한 침묵이 이어졌다. 모든 경쟁자는 겨우 식빵 주제에 그들을 이겼다는 사실이 분했고 기분이 상했다. 그렇지만 그들은 본분을 지켜 식빵에게 갈채를 보내고 그 대회의 일등상을 주었다. 어쨌든 페이스트리들도 공명정대한 경기에 대한 분별력은 있었던 것이다.

그렇지만 전반적으로 불쾌해하는 분위기를 알아채고 막대초 콜릿은 서둘러 그 다음 프로그램을 진행시켰다. 그는 방금 끝난 이 대회가 결국 그렇게 좋은 아이디어였다는 생각이 들지 않았기 때문에, 나머지 프로그램들이 이 대회를 빨리 잊을 수 있게 해주기를 바랐다. 남의 말 하기 좋아하는 슈크림이 옆에 있는 페이스트리에게 속삭였다.

"어쨌거나, 식빵이 최후의 만찬에 쓰였든 쓰이지 않았든 식빵은 여전히 식빵일 뿐이야."

슈크림의 말은, 성찬용 빵으로 쓰이든 쓰이지 않든 그저 식빵에 지나지 않는 빵보다는 그들이 훨씬 더 고귀한 존재라는 사실을 은근히 기뻐하는 다른 많은 페이스트리들의 생각을 그대로 나타내고 있었다.

그들은 정말로 그렇게 생각하고 있었다. 하지만 그렇다고 이에 대해 놀랄 필요는 없다. 우리 모두는 페이스트리들이란 허영심이 강한 존재로 이름나 있다는 것을 잘 알고 있기 때문이다. 그러므로, 만일 예수님이 그분의 지체가 되도록 그들을 택하셨다면 그들은 얼마나 자만했을 것인가! 확실히, 그분이 식빵을 선택하신 것은 정말로 현명하신 처사였다.

우리는 이 모든 것에서 한 가지 교훈을 얻을 수 있다. 혹시 어쩌다 우리가 구세사에서 중요한 역할을 하게 된다 하더라도 그것은 우리가 다만 식빵에 불과한, 평범하고도 거친 재료이기 때문일 것이라는 사실이다. 진지하고 온당한 생각이라고 생각하지 않는가?

4
완전한 바보

"우리는 그리스도를 위하여 바보가 되었고
여러분은 그리스도를 믿어 현명한 사람이 되었습니다."

1고린 4, 10

완전한 바보

아무도 엠마를 똑똑한 소녀라고 생각하지 않았을 것이다. 사실 그녀의 상냥하고 순진한 미소를 보면 그녀는 하느님이 이제까지 창조하신 피조물 중 가장 단순한 마음의 소유자 가운데 한 사람이었다. 그러나 그녀는 결코 어리석지 않았고, 어리석은 것과는 거리가 멀었다. 바보처럼 보이는 것은 다만 그녀가, 자칫 우둔함으로 오해할 수 있는 열린 마음과 정직함이라는 선천적 장점을 타고났기 때문이었다. 엠마는 마음이 어린이와 같이 천진하고 단순했는데, 당연히 많은 사람들은 이러한 것을 이해할 수 없었던 것이다.

열여덟 살 때 엠마는 고향을 떠나 도시로 가서 상류계층인 가브리엘 가(家)의 하녀로 고용되었다. 그녀의 주인 가족들은 속물스러웠고 고용인들에 대해 한 사람의 인간으로 존중해 주지를 않았다. 그들은 고용인들을 마치 무슨 부속품을 대하듯 비인간적으로 마구 대하였다. 엠마는 선천적으로 마음이 따뜻한 사람이었기 때문에 이를 받아들이기가 매우 어려웠다. 그러나 그녀는 상관하지 않았다. 그녀는 사랑과 상냥함으로 대하려 노력했는데도 가브리엘 가의 사람들은 사실 그대로 그녀를 보지 않고 계속 비인간적으로 대할 뿐이었다. 그들의 눈에 그녀는 단지 하녀, 다시 말하면 인간 도구일 뿐이었다. 도구가 친구가 될 수 있다고 생각하는 사람은 아무도 없을 것이다. 그렇지 않은가?

엠마가 해야 할 많은 일 중 하나는, 주위 사람 어느 누구에게나 한 번도 좋은 말을 해본 적이 없는 괴팍하고 역정을 잘 내는, 가브리엘 일가의 노부인을 성당에 모시고 가는 일이었다. 가족들은 이러한 그녀의 괴팍한 성미를 잘 참아 내고 있었는데, 그 이유는 비록 그녀가 직접 재산을 관리하지는 않았지만, 그녀가 가브리엘 가의 모든 재산의 명목상 소유권자였기 때문이었다. 엠마는 매일 성당에 가는 동안, 망부(亡夫)의 유산을 상속받은, 성미가 까다로운 이 노과부를 즐겁게 해주려고 최선을 다했다. 그러나 노과부는 엠마가 사람들에게 단순한 마음으로 대하는 것이 불만스럽기라도 한 듯 더욱 퉁명스럽게 딱딱거릴 뿐이었다.

노부인의 성미가 급하고 도량이 좁았는데도 엠마는 이 매일의 성당 방문을 즐기게 되었다. 사실 이 방문이, 날마다 반복해서 해야만 하는 산더미 같은 일에 둘러싸여 있는 그녀가 기분전환을 할 수 있는 유일한 일이었기 때문이다. 그녀는 교육받지 못한 아픔을 통절히 느끼고 있었기 때문에, 성서의 지혜를 조금이라도 받아들이려는 바람에서 미사의 독서를 아주 주의 깊게 귀 기울여 듣기로 마음먹었다. 독서에서 그녀는 특히, 우리가 작아지고 어린이와 같이 되어야 한다는 예수님의 가르침에 큰 감명을 받았다. 또한 여러 서간에 기록되어 있는 성 바오로의 가르침의 대부분은 그녀에게는 매우 이해하기 어려운 것이었지만, 그녀는 그리스도인은 그리스도를 위해 바보가 되어야 하며, 이른바 이 세상의 지혜를 그저 어리석은 것으로 여겨야 한다는 것을 잊지 않고 마음에 깊이 새겼다.

왠지 모르게 그녀는 이러한 생각들에 마음이 끌렸고, 나이가 지긋한 가브리엘 노부인을 성당에 모시고 갔다올 때마다 그 생각들을 묵상하곤 했다. 그녀에게 유일하게 문제가 되는 것은, 그 같은 고결한 생각들을 삶으로 실천할 기회를 어떻게 가질 수 있는지를 알 수 없다는 것이었다.

어느 날, 그녀의 여주인(가브리엘 노부인이 아니라, 가브리엘 노부인의 딸이며 이 집안의 실제적 가장인 마담 가브리엘)은 자신의 반지 중 하나가 없어진 것을 발견했다. 이것은 엄청난 소동을 일으켰다. 반지를 찾기 위해 모든 사람이 동원되었지만 허사였다. 반지는 아무 데서도 찾을 수가 없었다. 사실은, 반지가 없어지게 된 경위는 아주 간단했다. 마담 가브리엘의 십대 딸 조세핀이 친구들에게 자랑하기 위해 아무도 모르게 그 반지를 꺼내서 끼고 파티에 갔던 것이다. 그런데 불행히도 조세핀은 그 반지를 잃어버렸다. 그 후 소녀는 야단 맞을 것이 두려워 어머니에게 자기 잘못에 대해 말하지 않았다. 그런데 엠마가 아주 우연히 모든 사실을 알게 되었다.

계속 온 집 안을 구석구석 다 뒤져도 반지가 나오지 않자, 자연히 마담 가브리엘은 하인들 중 누군가가 그 보석 반지를 훔쳐 갔다고 의심하기 시작했다. 그런데 엠마가 가장 최근에 고용된 하녀이고 전에는 이런 일이 한 번도 일어난 적이 없었기 때문에, 마담은 즉각 엠마가 범인이라고 믿었다.

어느 날, 마담은 엠마가 노부인과 함께 성당에 간 사이에 엠마의 작은 침실을 뒤졌다. 성당에서 돌아왔을 때 엠마는 자신의 모든 물건이 없어졌다는 것을 알았고, 어떤 일이 일어나고 있는지 알아차렸다. 그렇다면 이제 그녀는 어떻게 해야 할 것인가? 누가 이 사건의 진짜 범인인지를 마담에게 폭로함으로써 신망을 되찾을 것인가, 아니면 조세핀과 얘기하여 어머니에게 모든 사실을 털어놓도록 소녀를 설득시킬 것인가? 그녀가 공개적으로 비난받고 해고당하기 전에 하녀 일을 그만둘 것인가?

이러한 모든 질문과 생각들이 그날 하루 종일 마음 속에서 맴돌았다. 자기 할 일을 하면서 엠마는 자기를 인도해 달라고, 전에는 한 번도 해본 적이 없었던 기도를 했다. 그러나 그녀의 마음은 마비된 것 같았다. 그녀가 생각할 수 있는 유일한 것은, 그렇게 여러 날 동안 가족들의 생활을 혼란하게 만들고 망쳐 놓은 그 소동이 일어났던 내내 조세핀이 오랫동안 계속 침묵해 온 터에 조세핀의 죄가 발각된다면, 그 소녀와 어머니의 관계에 심각한 영향을 미치리라는 것이었다. 조세핀에게 한 번도 다정하게 대해 준 적이 없었던 소녀의 어머니는 딸의 이중성에 분명히 극도로 분개할 것이고, 이미 그들 사이의 벌어진 틈은 눈에 띄게 깊어질 것이다. 이것은 그러지 않아도 진정한 가족간의 사랑이라곤 찾아볼 수 없는 이 가족 안에 또 다른 불화가 일어남을 의미할 것이다. 이 모든 것을 곰곰이 생각한 끝에, 엠마는 어떤 일이 있더라도 아무 말 없이 침묵을 지키리라고 그날 저녁 마음먹었다.

다음 날 아침, 서슬이 퍼런 마담의 거친 말투에서 그녀는 반지 사건에서 자신이 의심받고 있음을 느꼈다. 엠마는 자신을 위해 어떻게 말해야 했는가?

"아무것도 훔치지 않았습니다. 마님."

엠마는 조용히 대답했다. 그러고는 마담의 눈을 똑바로 바라보면서 덧붙였다.

"저는 제 생애에 결코 아무것도 훔친 적이 없다는 것만은 분명히 말할 수 있습니다."

한눈에 보아도 뚜렷하고 솔직한 엠마의 태도는 어느 누구에게라도 그녀가 결백하다는 것을 명백히 납득시킬 수 있었으므로 마담은 얼마간 마음이 흔들렸지만, 그렇다고 엠마가 결백하다고 확신하지는 않았다. 그렇지만 그녀는 결국엔 엠마가 잠깐 실수로 자기 본심을 드러내고 어디에 반지를 숨겼는지를 누설할지도 모른다는 기대로 엠마를 계속 고용하기로 결정했다. 마담은 엠마에게 일자리로 돌아가 이제부터는 그녀의 직무를 특별히 조심해서 수행하라고 짤막하고 퉁명스럽게 명령했다.

반지 사건으로 인해 엠마의 인생은 새로운 국면으로 접어들게 되었다. 전에는 그 가족들이 그녀를, 관심을 기울일 만한 가치도 없는 존재라고 어느 정도만 무시해 왔는 데 반해, 이제는 드러내 놓고 그녀를 멸시했다. 그래도 엠마는 그들이 아무리 불쾌하고 가혹하게 대해도 언제나 부드러운 미소로 응했기 때문에 바보로 여겨지게 되었다. 그런데 바보를 불쌍히 여기는 사람이 어디 있는가?

이런 상태가 몇 주일 동안 계속되었다. 그러더니 몇 주일이 몇 달로 연장되었다. 그 다음엔 이것이 17년이나 지속되었다. 이 세월 동안 내내 엠마는 가족들의 조소의 대상이 되었고 이웃들까지도 자나깨나 빈정거렸다. 아무리 그녀가 노력을 해도 누구의 마음도 기쁘게 해줄 수 없고 아무 일도 제대로 될 수 없는 것처럼 보였다. 아침부터 밤까지 그녀는 마담의 성가신

완전한 바보

심한 잔소리, 조세핀의 적대감(그녀는 엠마가 그녀의 죄를 어머니에게 일러바치지나 않을까 하여 항상 두려워했다.) 그리고 심지어는 운전기사로부터 집안의 잡일꾼에 이르기까지 다른 가족 구성원들이 우월감을 갖고 대하는 태도를 참고 받아야 했다. 이 세월들은 엠마에게 매우 견디기 힘든 시련의 나날이었다. 여러 번 그녀는 다른 곳에서 일자리를 찾을 생각을 했다. 그러나 그때마다 그녀의 분별력 있는 이성은 이렇게 말하곤 하는 것이었다.

'네가 오직 하녀의 신분일 뿐이라면 네 주인이 누구이든 그 것은 큰 문제가 되지 않잖아? 즉 넌 주인의 눈에는 여전히 하녀일 뿐이라고. 다시 말해 인간 도구에 불과한 거야.'

그렇지만 이 시련의 세월은 그녀의 내적 삶에 깊은 영향을 끼쳤다. 다른 어떤 곳에서도 위안을 얻을 수 없었기 때문에 그녀는 복음, 특히 예수님의 수난기를 읽고 묵상하는 데 깊이 빠져들었다. 수난기는 그녀의 마음을 완전히 사로잡아 버렸고, 그녀는 집안의 허드렛일들을 하면서 마치 그녀 자신이 예수님의 수난 현장에 함께 있는 것처럼 상상하곤 했다. 그래서 그녀는 군인들이 예수님께 수치스러운 긴 자주색 옷을 입히고, 그분을 조롱하는 로마 총독 관저의 장면을 마음의 눈으로 바라보곤 했다. 아니면 헤로데가 예수님을 조롱하는 장면을 되새겨 보곤 했다. 물론 그녀는 단순했기 때문에 자신을 예수님과 비교할 생각은 한 번도 한 적이 없었다. 그런데도 그녀는 어쨌든 예수님과 자기 사이에는 어떤 공통점이 있다고 느꼈으며, 이러한 생각은 불행한 가운데서도 그녀에게 위안을 주었다.

이런 상태가 얼마나 오래 계속될지 누가 알았겠는가? 그러나 엠마의 혹독한 시련은 비극적인 12월 어느 저녁에 뜻밖의 일로 일시에 끝나 버렸다. 한 기도 모임에서 돌아오는 길에 그녀는 강도의 습격을 받아 잔인하게 두들겨 맞고 의식을 잃은 채 도랑에 버려졌다. 다음 날 아침, 그녀는 의식을 잃은 채로 발견되어 위독한 상태로 병원으로 옮겨졌다. 이틀 동안 혼수 상태에 빠져 있다가 몇 분 동안 잠깐 의식을 되찾은 그녀는 곁에 있던 간호사의 귀에다 대고, 자신을 습격했던 사람을 진심으로 용서한다고 속삭였다. 그날 밤, 그녀는 순간적인 단말마의 고통을 겪다가 세상을 떠났다.

 마담은 자신의 하녀에게 어떤 일이 일어났는가를 알았을 때 오직 한 마디만 했다.

 "불쌍한 엠마는 결코 손톱만큼도 자존심을 가져 본 적이 없었어. 그 바보 같은 애는 강도에게 죽임을 당하고도 그를 지옥으로 꺼지라고 저주하는 대신 오히려 너그럽게 용서해 주었다니…. 정말 얼마나 바보인가!"

 마담의 말은 한 치도 틀림없이 옳았다. 엠마는 바보였다. 그런데 한편 그 바보는 하늘 나라 한가운데서 프란치스코, 도미니코, 데레사 성인 그리고 하느님의 다른 모든 바보와 함께 즐거운 시간을 보내고 있었다.

5
문제의 핵심

"예수께서는 그들이 알아들을 수 있을 정도로
이와 같은 여러 가지 비유로써 말씀을 전하셨다.
그들에게는 이렇게 비유로만 말씀하셨지만
제자들에게는 따로 일일이 그 뜻을 풀이해 주셨다."

마르 4, 33-34

문제의 핵심

　메이오 신부가 70세가 되었을 때 그의 큰 시골 본당을 돌보는 일을 돕기 위해 한 보좌 신부가 오게 되었다. 새로 부임하는 샘슨 신부는 이제 막 신학교를 졸업했고, 아주 젊은 신부들이 흔히 그러하듯 시골 신부에 대한 많은 잘못된 선입관을 갖고 있었다.
　보좌 신부는 나이 든 신부들에게 그들의 늙음과 무능을 확인시켜 주기 때문에, 보좌 신부가 오는 것에 분개하는 몇몇 노인 신부들과는 달리, 메이오 신부는 이 젊은 신부가 온 것을 기뻐했다. 메이오 신부는 샘슨 신부를 아주 친절하게 맞아들이고 사제관에서 가장 좋은 방에 기거하게 했다. 그러고는 2, 3일간 휴식을 취하게 한 다음, 그에게 잠깐 본당 구역을 둘러보자고 청했다. 노신부는 방문할 곳이 몇 군데 있었고, 이것은 그의 보좌 신부에게 본당 신자 몇 사람을 소개해 주는 기회가 될 것이기 때문이었다. 샘슨 신부는 노선배의 태도에 약간 놀라면서 그 요청을 금방 받아들였다.
그는 불손하게 이렇게 생각했다.
'늙은 구식 사람치곤 정말 아주 괜찮은 노인인데?'
그리하여 그들은 메이오 신부의 찌그러지고 낡은 폴크스바겐을 타고 사제관을 떠났다.
그들이 처음으로 찾아간 곳은 친절한 젊은 부부 마트와 앤지의 작은 농장이었는데, 그들은 두 사람을 진심으로 반갑게 맞아들였다. 일상적인 인사를 나눈 후 마트는 다소 거북한 어조로 메이오 신부에게 말했다.
"신부님, 앤지와 저는 요즘 아이들을 어떻게 길러야 하는가에 대한 새로운 얘기들을 많이 듣고 있습니다. 어떤 사람들은, 아이가 어릴 때는 그들의 자발성을 존중하고 나중에 자기 훈련을 가르쳐야 한다고 하며, 학교나 교회, 아니면 삶이 부모 대신 자기 훈련을 가르치게 해야 한다고까지 말하는데요, 신부님은 어떻게 생각하세요?"
이 말을 듣고 샘슨 신부는 노신부가 틀림없이 기껏해야, 지혜로 가득 차 있는 집회서의, "자식을 귀여워만 하는 사람은 자식의 상처를 싸매 주다 말 것이고…. 자식의 응석을 너무 받아 주다가는 큰 화를 당하게 되고, 자식하고 놀아만 주다가는 슬픔을 맛보게 된다."(집회 30, 7. 9)라는 성서 구절을 인용할 거라고 생각했다. 그러나 그 대신 메이오 신부는 잠깐 깊이 생각한 후 이렇게 대답했다.
"마트, 자네도 아다시피 그 문제는, 반나절만 일하면 그것으로 충분히 모든 일이 그럭저럭 잘 유지되는 농한기에 농부들이 그들의 농장을 어떻게 관리하는가 하는 것을 생각나게 하는군. 어떤 농부들은 잠을 줄여 동이 트기 전에 일어나 정오의 뜨거운 햇볕이 내리쬐기 전에 모든 일을 끝내고 그 다음에야 비로소 쉬지. 그러므로 그들에게는 힘들게 시작했던 일이 기쁨 속에 끝나게 된다네. 그러나 또 다른 어떤 농부들은 아침에는 쉬고 하루 중 가장 햇볕이 따가운 오후에 일을 하지. 그들은 즐겁게 일을 시작했지만 어려움 속에 끝내게 되지. 나는 아이들을 기르는 것도 그와 똑같다고 생각하네. 어떤 부모들은 아이들이 아직 어릴 때 그들을 잘 교육시키는 데에 모든 관심과 주의를 기울이지. 거기에는 많은 어려움이 따르지만 마침내 아이들은 잘 자라서 훌륭한 그리스도인이 되지. 반면 또 다른 어떤 부모들은 항상 이 어려운 일을 나중으로 미루기 때문에 자녀들을 결국 망치게 된다네. 불행히도 이것은 흔히 아이들과 그 부모들의 행복을 앗아 가게 되지."

마트와 앤지는 메이오 신부의 말을 진지하게 듣고 있었다. 신부가 말을 마쳤을 때 그들은 동감한다는 뜻으로 머리를 끄덕였다. 신부가 농사 짓는 일과 가정생활을 비교해 간단하게 유추, 분석해 준 것이 그들의 의문을 확실히 밝혀 준 것이다. 앞으로 그들은 신부의 조언을 따를 것이다.

두 신부는 곧 거기를 떠나 순회 방문을 계속했다. 그들이 두 번째로 들른 곳은 대가족으로 힘겹게 사는 농부 팀의 집이었다. 그들의 여섯 아이는 학교에 갔고, 그와 그의 아내 소냐가 두 신부를 매우 반갑게 맞았다. 그들은 메이오 신부의 '늙을 줄 모르는 만년 청춘'에 대해 잠시 유쾌하게 농담을 건넸고, 이어서 대화는 심각하게 바뀌었다. 또다시 자녀 교육문제가 중심 화제로 떠올랐다. 소냐가 노신부에게 말했다.

"신부님도 아시겠지만, 팀과 저는 늘 저희의 십대 애들을 어떻게 다루어야 할지 모르겠어요. 그애들은 주위에서 나쁜 표양들을 너무나 많이 보니까요."
팀이 그 정직한 얼굴에 깊은 우려를 나타내며 덧붙였다.
"그렇습니다. 저희는 그애들에게 여러 가지 일들을 설명해 주고 또 어떻게 행동해야 할지를 말해 주고 싶습니다. 그러나 애들은 귀담아들으려고 하지 않는 것 같아요. 저희는 어떻게 해야 할까요, 신부님?"
두 신부는 이 질문에 대한 대답을 알고 있었다. 그 답은, 청소년들은 부모가 자신이 그대로 실천하지 않는 것을 훈계한다면 부모의 말을 진지하게 받아들이지 않는다는 것이었다. 이런 문제는 어른들과 마찬가지로, 그들에게는 한 번의 좋은 모범이 천 번의 말보다 가치가 있는 것이다. 이 순간 샘슨 신부는 선배 신부가, 예를 들면 베드로 전서의 "그리스도께서도 여러분을 위해서 고난을 받으심으로써 당신의 발자취를 따르라고 본보기를 남겨 주셨습니다."(1베드 2, 21)와 같은, 그런 진리를 표현하는 성서 구절을 인용할 거라고 예상하고 있었다. 그러나 이번에도 또 노신부는 그에게 예상과는 빗나가는 일격을 가했다. 메이오 신부는 농부에게 말했다.
"팀, 당신의 물소를 어디론가 끌고 가고 싶을 때 당신은 그 물소를 뒤에서 미나요? 물론 안 그럴 거요. 만일 당신이 그렇게 한다면 그 물소는 어디로 가는지 모르면서도 저항할 거요. 그렇게 하지 않고 당신은 그 코에 줄을 꿰어 줄을 잡아당기며 당신이 가려고 하는 방향으로 끌고 갈 거요. 당신이 그 소보다 앞서 걸어가기만 한다면 소는 쉽게 따라갈 것이오. 그것은 젊은이들에게도 마찬가지라오. 따라다니면서 심한 잔소리를 해대는 것은 그들에게 아무런 도움이 되지 않지. 그러나 당신이 참으로 믿는 바를 그들 앞에서 행동으로 옮기며 직접 좋은 모범을 보인다면 놀랄 만한 효과를 거둘 것이오. 난 당신이 내 말뜻을 잘 알아들었으리라 생각해요."

팀과 소냐는 분명히 알아들었다. 그와 동시에 그들은 그것이 그들의 삶에서 무엇을 요구하는지를, 즉 말보다 행동이 훨씬 어렵다는 것을 깨달았다. 두 신부가 떠날 때 팀과 소냐는 생각에 잠겨 있었다.

메이오 신부와 샘슨 신부는 세 번째이자 마지막으로, 여러 명의 자녀들로 축복을 받은 초로의 부부 줄리우스와 카르멘 산체스의 자그마한 농장을 방문했다. 자녀들은 바니만 제외하고는 모두 훌륭한 어른으로 성장했다. 바니는 늘 감옥을 자기 집 안방같이 들락날락했다. 그러다가 지난 달 그는 경찰과 총격전을 벌이다 총에 맞아죽었다. 산체스의 집으로 가면서 메이오 신부는 이 이야기를 후배 동료에게 들려 주었다.

줄리우스와 카르멘은 두 신부를 몹시 반겼다. 말할 것도 없이, 사람들은 그러한 상황에서 무슨 말을 해야 좋을지 몰라서 바니가 죽은 이후로는 대부분의 사람들이 그들을 피하는 것 같았기 때문이었다. 그러나 메이오 신부는 그렇지 않았다. 그는 산체스 가족과 같은 사람들은 장기간에 걸쳐 가능한 모든 후원이 필요하다는 것을 알고 있었다. 그래서 그는 잊지 않고 그들을 자주 방문했다.

이제까지 산체스 부부는 노신부와 대화할 때 바니의 이름을 언급하는 것을 애써 피해 왔고, 메이오 신부도 그들의 침묵을 존중해 왔다. 그러나 이날만은 달랐다. 어느 순간 잠시 대화가 끊겼을 때 줄리우스는 메이오 신부에게 말했다.

"신부님, 신부님도 아시다시피 카르멘과 저는 저희 애들 모두를 저희가 아는 한에선 최선의 방법으로 정말 힘들게 길러 왔습죠. 글쎄요, 저희는 그애들이 다 남부끄럽지 않게 제법 잘 자랐다고 말할 수 있어요. 바니만 제외하고요."

이 늙은 농부는 죽은 아들 생각에 가슴이 미어지는 아픔을 말로 표현할 수 없는지 머뭇거렸다. 그는 신부의 눈을 진지하게 들여다보며 계속했다.

"카르멘과 저는 그애의 경우에 무엇을 잘못했던 건지 저희 자신에게 계속 묻고 있습니다. 저희가 그애를 가르치면서 중요한 어떤 것을 빠뜨렸을까요? 저희가 무엇을 잘못했을까요? 이 물음의 답을 알 수 있다면 이처럼 불행하게 느껴지진 않을 거예요."

샘슨 신부는 예수님이 유다에게 배반당하셨던 일을 생각했다. 선배 신부는 슬픔에 빠져 있는 이 부부에게, 예수님조차도 인간의 자유의지와 싸우셔야 했다는 것, 또한 영혼의 문제는 노신부 자신이 그 사람을 도우려 아무리 애쓴다 하더라도 결코 어떤 결과도 보장해 줄 수 없다는 것을 말해 주지 않겠는가?

메이오 신부는 극적인 인간사에서 끊임없이 반복되어 왔고 영원히 지속될 이 문제에 대해 깊이 생각하면서 잠시 침묵을 지켰다. 마침내 그는 산체스 부부를 쳐다보며 말했다.

"나는 당신이 그 사건에 대해 자신을 비난할 필요가 없다고 생각해요. 요컨대 아이들을 기르는 것은 밭에 씨를 뿌리는 것과 흡사해요. 당신은 그것이 어떻게 결실을 거두게 되는지 잘 알고 있지 않소? 당신은 최선을 다하지만 그래도 결코 백 퍼센트 완전한 수확을 하지는 못하는 거요. 어떤 해에는 너무 많은 비가 와서 그 일부가 땅 속에서 썩게 되고, 또 어떤 해엔 비가 충분히 오지 않아 아무 작물도 온전히 제대로 자라지 못한다오. 그리고 다른 어떤 해에는 기생충이나 메뚜기, 아니면 또 다른 어떤 것이 말썽을 부리지 않소? 그렇다고 당신이 비난받아야 한단 말이오? 물론 그렇지 않아요. 당신 자녀들에 대해서도 마찬가지요. 당신은 다만 최선을 다하고 최상의 결과를 기대할 수 있을 뿐이오. 결국 그들은 자기 의사대로 자유롭게 행동하니까. 당신이 대신해서 그들의 삶을 영위해 나갈 수는 없는 것이오."
그는 격려의 미소를 띠며 덧붙였다.
"게다가 그들이 길을 잘못 들었을 때조차도 그들은 여전히 하느님 손에 맡겨져 있는 것이라오."
줄리우스와 카르멘은 서로 마주보았다. 그들은 한 번도 메이오 신부와 같은 관점에서 그 문제를 생각해 본 적이 없음이 분명했다. 그의 말은 오랫동안 그들 마음 속에 남아 있을 것이고, 마침내는 그들에게 그렇게도 절실히 바랐던 마음의 평화를 가져다 줄 것이다.
두 신부가 그들의 차가 있는 곳으로 되돌아와 사제관을 향해 출발했을 때 샘슨 신부는 당황했다. 그의 동반자가 그들이 지나쳐 가게 되는 다양한 경계표들을 손가락으로 가리키며 그에게 알려 주는 동안 잠시 그는 말없이 듣고 있었다. 그러나 그의 마음은 방금 끝낸 방문 장면들을 되새겨 보느라 분주했다. 드디어 그는 결단을 내려 자신의 생각을 노신부에게 말했다.
"메이오 신부님, 저는 신부님이, 우리가 방문했을 때 직면했던 모든 질문과 문제들을 다룰 때 전혀 성서 구절을 인용하시지 않는 것을 보고 놀랐다는 걸 고백해야겠습니다."
운전에 온 정신을 집중하고 있던 노신부는 깜짝 놀라며 물었다.

"성서? 뭐라고? 아, 무슨 말인지 알겠네."
그는 잠시 생각하더니 어쩐지 쓸쓸한 어조로 말했다.
"글쎄, 나도 집회서와 베드로 전서의 성서 구절이나 예수님과 유다의 예를 인용할 수도 있을 거라고 생각하네. 그래, 그렇게 할 수도 있었을 거네."
그는 말없이 생각에 잠겼다. 샘슨 신부는 당황했다. 마치 메이오 신부는 그의 생각을 낱낱이 읽고 있었고, 그에 딱 들어맞는 어떤 성서 구절이 그의 마음 속에 떠올랐는지를 처음부터 다 알고 있었던 것 같았기 때문이었다. 한 가지 분명한 것은, 선배 신부가 성서에 무지해서 성서 구절을 인용하지 않은 건 아니었다는 사실이다.
'노인네치곤 상당히 괜찮은 생각을 가진 양반이란 말이야.'
젊은 신부는 속으로 마지못해 인색한 칭찬을 했다. 메이오 신부는 계속해서 말했다.
"그래, 그 불쌍한 농부들에게 성서 구절을 좀더 자주 인용하지 않는 것은 어쩌면 내가 잘못하고 있는 일일지도 몰라."
그는 동료를 향해 놀리는 듯한 미소를 띠며 덧붙였다.
"그렇지만 자네도 잘 아다시피, 예수님은 그 당시의 팔레스티나의 농부들에게 성서 구절을 자주 인용하시지는 않으셨지. 그분은 그것을 율법학자와 바리사이인들에게만 계속 말씀하셨어. 그분은 농부들에게는 그들이 일상 체험을 통해 아는 것으로 말씀하셨다네. 그들에겐 수확과 씨앗과 땅, 그리고 재배에 관한 이야기를 하셨어. 그렇지만 그분은 성서를 그야말로 정확히 알고 계셨지. 사실 그분은 성서를 어느 누구보다도 더 잘 알고 계셨어. 그럼에도 이야기로 말씀하시는 것을 더 좋아하셨다네. 그런데 그분이 왜 그렇게 하셨다고 생각하나?"

젊은 신부는 아무 생각도 떠오르지 않았지만 메이오 신부가 그 자신의 이 질문에 어떻게 대답할 것인지 알고 싶은 호기심이 났다. 노신부는 묵상에 잠긴 어조로 계속했다.

"글쎄, 아마도 이야기는 마음에서부터 우러나오는 것이기 때문일 거야. 그리고 만일 자네가 오랫동안 기도하고 성서 구절을 묵상한다면 그것은 자네 마음에 뿌리를 내리고 이야기로 꽃피어날 거라고 나는 생각하네."

그는 이제 막 어떤 발견이라도 한 사람처럼 기쁘게 웃었다.

"그에 대해 놀랄 일은 아무것도 없네. 결국 꽃들은 씨앗에서부터 자라나는 것이니까. 그렇지만 꽃들이 훨씬 더 아름답다고 생각하지 않나, 신부?"

샘슨 신부는 노신부의 말이 천만 번 지당한 것이라고 동의하시 않을 수 없었다.

여러분이 참된 이야기를 하기 시작할 때, 특히 그것이 마음속에서부터 우러나오는 진솔한 이야기일 때는 그만큼 감동적인 것은 없다.

6
하느님은 어느 편

"새끼사자와 송아지가 함께 풀을 뜯으리니
어린아이가 그들을 몰고 다니리라."

이사 11, 6

하느님은 어느 편

　두 나라가 그들의 공동 국경의 정확한 위치 문제로 여러 해 동안 분생을 겪고 있었다. 이 끊일 새 없는 갈등으로 그들의 관계는 날이 갈수록 더욱더 악화되었다. 양편 모두 국경 근처에서는 이 문제를 청산하기 위해 점점 더 잦은 소란이 일어났으며, 어떤 집단들은 무력 사용을 옹호하기까지 했다. 그래서 두 나라는 점차 공공연한 대결상태로 빠져들게 되었다. 많은 정치 분석가들에게는 전쟁이 불가피한 것같이 보였다.
　이 중대한 고비에서, 최악의 사태를 피하기 위해, 두 나라의 외상 사이에 그 동안 계속 연기되어 왔던 개인적인 협상을 하기로 결정이 되었다. 이것은 임박한 파국을 막기 위한 최후의 노력이었다. 그리고 최상의 결과를 확실히 보장할 수 있도록 모든 전문가와 고문은 본국에 남고, 두 외교관만 각자의 가족을 데리고 중립 국가에서 비밀리에 만나기로 결정되었다. 외부로부터의 모든 간섭에서 벗어나 가능한 한 비공식적으로 얼굴을 맞대고 만난다는 것은 여러 복잡한 일 없이 수월할 것이었다. 이 예방책의 목표는 두 사람이 좋은 의도로 자리를 함께하여 우호적인 방법으로, 난제인 분쟁 문제의 평화적 해결을 모색할 수 있도록 전혀 긴장이 없는 좋은 분위기를 창출해 놓는 것이었다.

    이 계획은 극히 세부적으로 실행되었다. 한 중립 국가의 수도(首都)에 대저택을 하나 임대해, 두 나라의 외교관과 가족들은 약속한 시각에 그곳에서 만났다. 한 외교관 부부는 일곱 살 난 작은 남자아이를 데리고 왔고, 또 다른 외교관 부부는 다섯 살 된 딸과 함께 왔다. 부인들끼리는 곧 서로 아주 친해졌고 아이들도 마찬가지였다. 두 남자로 말할 것 같으면, 그들은 서로 상반되는 이익을 대표하고 있는 관계였기 때문에 모든 일이 더 어려웠다. 그래도 그들은 서로 성의껏 대하고자 각별히 노력했으며, 상대방의 제안에 편견을 갖지 않고 진지하게 귀기울였다. 그리하여 분쟁문제의 조정에 들어간 며칠 후 두 가족은 편안한 마음으로 일을 진행할 수 있게 되었다. 오전 시간의 대부분을 두 남자는 방에 틀어박혀 밀담하곤 했으며, 반면 부인들은 아이들을 그들 마음대로 하게 내버려 두고는 쇼핑이나 관광을 했다. 오후에는 아이들과 함께 낮잠을 자거나 휴식을 취했으며, 저녁엔 아이들이 자러 간 다음 조용히 대화를 나누거나 카드놀이를 하거나 혹은 텔레비전을 보았다.

    부인들과 아이들에게는 만사가 상당히 순조롭게 이루어지고 있었다. 그러나 두 남자는 그렇지 못했다. 기대감을 갖고 회담을 시작한 이후 회담을 거듭할수록 그들의 협상은 점차 오해가 쌓이고, 불쾌한 언사가 오고 갔으며, 화를 폭발시켰고, 심지어는 상대방이 속임수를 쓴다고 비난하여 사태는 어려운 지경에 빠지게 되었다. 사정이 이렇게 될 때마다 그들은 항상 서로 진심으로 사과를 했으나 그래도 두 외교관 사이에는 긴장된 분위기가 감돌았다. 그들이 아무리 노력을 해도 회담은 별 진척이 되지 않았다. 각 협상자는 자신의 주장이 완벽하게 정당하고 합리적이며, 따라서 하느님은 자신의 편에 서 계시며, 이것이 상대방에게는 있을 수 없는 일이라고 확신하고 있었기 때문에 분노와 좌절은 더욱더 깊어졌다.

협상을 개시한 지 열흘쯤 지난 어느 날 아침, 두 외교관은 중대하고도 결정적인 문제들 중 하나에 대해 격렬한 논쟁을 벌이게 되었다. 시간이 지남에 따라 분노는 점점 더 빈번히 격앙되었다. 강경한 말들이 오가고, 상호간에 비난을 퍼붓고, 위협적인 경고를 큰 소리로 외쳐댔다. 사태는 두 외교관이 다 협상을 중단하고, 평화를 정착시키려는 의도를 단념해 버리고 싶은 지경에까지 이르렀다.

이때 방문이 홱 열리며 두 아이가 그들 한가운데로 뛰어들었다. 작은 남자애가 흥분해서 불쑥 말했다.

"아빠 아빠, 고적대가 옆 거리에서 시가 행진을 하고 있어요. 거기 가면 드럼과 악기 연주를 들을 수 있어요. 리타와 함께 구경하러 가도 돼요?"

리타는 다른 외교관의 딸인 친구애의 이름이었다. 그러나 그 순간 소년은 얼어붙은 듯 그 자리에 섰다. 소년은 두 남자 사이의 분위기가 폭발 일보 직전이라는 걸 즉각 느꼈던 것이다. 그들의 눈은 집어삼킬 듯이 무서웠고, 얼굴은 적개심으로 불타고 있었으며, 손은 주먹을 꽉 쥐고 있었기 때문이다. 소녀 또한 두 남자의 격렬한 감정을 너무나도 민감하게 느끼고 있었다. 소녀는 약간 위축되어 본능적으로 뒤로 물러나 몸을 움츠

리면서 친구에게 가까이 가 친구의 손을 잡았다. 그런 다음 작은 목소리로 물었다.

"뭐가 잘못되었어요, 아빠?"

소녀의 아버지는 아직도 화를 삭이지 못하고 딸애를 내려다보았다. 그러고 나서 상대방을 흘끗 보고는 냉소적인 차가운 목소리로 대답했다.

"아니, 애야, 아무것도 잘못된 일은 없단다. 단지, 여기 있는 이 친구가 하느님이 내 편이시라는 것이 너무나 분명한데도 하느님이 자기 편이라고 주장하고 있을 뿐이야."

다른 외교관도 똑같이 생각하며 반박을 하려고 했다. 그러나 이때 그의 시선은 놀란 표정으로 손을 잡고 있는 두 아이에게 우연히 머물렀다. 이 모습은 그에게 즉시 영향력을 발휘했다. 그는 마음 속 깊은 곳에서부터 찡한 감동을 받았다. 그는 말없이 의자에서 일어나 창가로 걸어가 바깥 경치를 바라보면서 화를 가라앉혔다. 그리하여 완전히 평정을 되찾은 다음 동료에게로 돌아와 조용히 말했다.

"장관, 저 애들을 좀 봐요. 우리 자신이 부끄럽구려. 저 두 애는 저렇게 다정하게 손을 잡고 있는데, 우린 굶주려 뼈만 앙상한 개처럼 다투어 왔으니."

그의 동료는 아이들을 바라보았다. 그는 두 아이가 처음 만나던 날부터, 아버지들을 갈라 놓는 논쟁을 마음에 두지 않고 얼마나 쉽게 친구가 되었던가를 기억했다. 만일 국가들이 그들의 사소한 분쟁을 잊고 저 두 애처럼 서로 협력할 수만 있다면 세상은 얼마나 달라질 것인가 하는 생각이 들었다. 그 순간 그도 다른 외교관과 완전히 똑같은 인식을 하게 되었다. 그는 또한 그들이 협상에 성공하려면 어쨌든 그애들의 선입견 없는 단순함을 본받아야 한다는 것도 깨달았다. 그가 대답했다.
"그렇소, 장관. 하느님은 내 편도, 당신 편도 아니고 아이들 편이오."
두 남자는 서로 웃으며 화해의 악수를 했다. 협상은 다시 계속될 것이었고, 두 외교관은 이번엔 훨씬 더 평화롭게 해결할 수 있음을 잘 알았다. 아이들이 인도하고 있는데 어떻게 실패할 수가 있겠는가?

7
위험한 덕

"우리의 덕은 흔히 악이 위장하고 있는 때가 많다."

라 로슈푸코, 「금언집」

위험한 덕

　22세기 말경, 시간 여행이나 형상화된 영혼의 4차원적 교류와 로봇 농장이 아주 일반적인 일이 되었지만 변하지 않은 한 가지가 있었다. 즉 대학생들은 여전히 리포트를 써내야만 한다는 것이었다. 그래서 곰버저 대학의 똑똑한 4학년생인 열여덟 살의 메릴린은 그녀의 방에 앉아서 윤리 과목 과제로 제출해야 할 리포트 제목을 종이가 뚫어져라 바라보고 있었다. 제목은 '악인들의 덕'이었다. 그녀는 생각했다.
　'에이, 도대체 무슨 주제가 이렇담!'
　그러고는 강의 시간에 교수가 말한, 노트에 적어 둔 자세한 주의사항을 다섯 번째 읽고 있었다.
　"대(大)죄와 파렴치한 성격으로 악명 높은 과거의 유명인사 몇 사람에 대해 그들의 장점이나 덕을 고찰해 2천 단어로 리포트를 써낼 것. 그런 역사적 인물 몇 명을 선정해, 그들이 자신의 '다른 결점을 벌충해 주는 장점'이라고 내세울 것을 제시할 것. 주관적 해석을 피하고 항상 그 악인들을 그들 자신의 관점에서 볼 것. 연구 자료는 권위 있는 전기(傳記), 사실에 입각한 그 당시의 보고서들, 또는 만일 주인공들 자신의 개인적인 증언들이 있다면 그런 증언과 같은, 신빙성 있는 자료들만 이용할 것."
메릴린은 땅이 꺼지게 한숨을 내쉬었다.
"체! 이 주제에 관련된 자료를 발견하려면 온 주말을 몽땅 컴퓨터에 매달려 있어야 할 거야. 아이고, 정말 큰일났네! 아직까지 적합한 악인들을 선정조차 못해 놓았으니!"
그녀의 마음은, 그녀가 가끔씩 읽었던 책들과 수강한 역사 수업에서 기억해 낸 걸출한 인물 전시장을 종잡지 못하고 이리저리 헤매고 다녔다. 여러 가지 가능성을 요모조모 따져 본 후 그녀는 마침내 좀더 가능성이 높아 보이는 세 인물로 낙착을 보았다. 그들은 네로, 칭기즈 칸, 그리고 히틀러(한 사람은 고대인, 또 한 사람은 중세인이며, 다른 또 한 사람은 현대인)였다.
그러고 나서 그녀는 그 다음엔 무엇을 해야 하는지 생각했다. 그녀의 가정용 컴퓨터로 각 인물에 대한 기본적인 참고 문헌 목록을 뽑아 낼 것인가? 그러나 그러면 결국 여섯 권의 책을 힘들게 참고 읽어 내야 하며, 엄청나게 많은 것을 적고, 중요한 내용을 리포트로 작성해야 한다. 그걸 다 하려면 아마 이틀은 걸릴 것이다. 그녀는 낙담하며 생각했다.
'불가능해! 아, 왜 나는 이렇게 오랫동안이나 꾸물거리다가 이제야 이 난리를 피우는 걸까?'
꾸물거리고 연기하고 미루는 것이 언제나 그녀가 빠지기 쉬운 죄였다. 그래서 지금, 또다시 그녀는 그 대가를 치르고 있는 것이다.

그녀는 낙담했다. 주말을 이렇게 보내야 하다니! 친구들은 모두 외출해 즐겁게 마시고 떠들며, 파티와 연주회 등에 갔는데, 그녀는 불가능해 보이는 숙제를 앞에 두고 방 안에 처박혀 있어야 하는 것이다. 이런! 그녀는 리포트를 쓰기보다는 저 따분한 아린과 오래 잡담을 하는 게 차라리 더 나을 지경이었다.

그런데 알 수 없는 어떤 것이 마음 속에서 뱅글뱅글 돌더니 '잡담'이란 단어가 몇 초 동안 머릿속에서 반복해서 되울렸다. 그러자 이 순간 불현듯 번개처럼 스치는 영감과 가히 천재적이라 할 아주 기발한 착상이 떠올랐다. 리포트는 '만일 그런 증언이 있다면 주인공들 자신의 개인적인 증언들'도 참고해 작성하라고 했겠지? 그렇다면 그 문제에 대해 네로나 그 밖의 과거의 어떤 인물하고 이야기해 본다면 '개인적인 증언들'을 수집할 수 있지 않겠는가? 그러므로 지금, 그녀가 눈감고도 훤히 알고 있는 시간 여행을 하면서 과거의 누군가와 인터뷰를 해, 그 증언이 아무리 많다 하더라도 그 개인적 증언들을 모으는 것보다 더 쉬운 일은 아무것도 없을 것이다. 이것이 바로 그녀의 문제에 대한 해결책이었다.

메릴린은 파안대소했다. 야호! 틀림없이 교수는 적어도 그녀의 접근 방법이 전혀 색다르다는 것을 알 것이다. 그리고 아마도 그녀는 감히 어느 누구도 생각해 내지 못했을 기막힌 이 계획을 훌륭히 완수해 '개인적인 증언들'을 확보할 것이고, 교수는 독창성을 매우 높게 평가하는 사람이었기 때문에, 결국 그녀는 다른 학생들과는 비교도 안 될 높은 리포트 점수를 받게 될 것이다.

메릴린은 흥분하며 타임 머신을 준비했다. 그녀는 마이크가 달려 있는 특별한 헤드폰의 소형 컴퓨터에, 자신에게 필요한 관계되는 세 날짜를 다이얼을 돌려 입력시키고, 그녀의 머리를 기계 속에 집어넣은 다음, 침대 위에서 마음을 편안히 진정시켰다.

그러자 몇 초 만에 바로 자기 최면이 일어났다. 그녀는 황홀한 상태에 빠졌고, 집단 무의식이 자리잡고 있는 정신의 가장 깊은 심층으로 내려갔으며, 거기서 비밀스런, 전인류의 보편적인 기억의 강 상류를 향해 타임 머신을 조종하기 시작했다. 이 모든 것은 눈 깜짝할 사이에 일어났다. 곧 그녀는 네로의 마음이 인간의 집단 무의식에 그 뿌리를 두고 있는, 그 당시의 시점에 도달했다. 메릴린은 황제의 마음과 접촉을 하기만 하면 되었다. 이것은 마치 사람들이 꽉 들어차 있는 방에서 누군가의 손을 잡으려고 손을 뻗치는 것과 같았다. 이처럼 두 영혼이 집단 무의식을 매개로 하여 만날 수 있다는 것이 시간 여행의 경이로운 편리한 점이었다.

많은 이런 현상들에서 우리 모두가 알 수 있듯이, 물론 그 과거의 인물은 미래의 세계에서 온 누군가가 자신을 '방문하고' 있다는 것을 전혀 눈치채지 못한다. 그 인물에게 이 모든 것은 마치 꿈처럼 여겨지기 때문에, 방문이 끝난 후에는 전혀 아무것도 기억이 나지 않으며, 그 후의 역사에 어떠한 흔적도 남기지 않는 것이다. '방문자'는 원하는 주제가 어떤 것이라도 과거의 인물인 주인공과 친밀하게 이야기하고, 주인공의 내면의 가장 깊은 감정들에 관해서까지도 상처를 주지 않고 질문할 수 있으며, 주인공의 조언을 구하는 등의 작업을 할 수 있는 것이다. 그러므로 메릴린은 완전히 자유롭게 네로와 인터뷰할 수가 있었다.

일단 친밀한 관계를 맺기 위해 필요한 몇 가지 피상적인 질문을 던진 후 메릴린은 문제의 핵심 주제를 끄집어 냈다.
"위대하신 네로 폐하, 폐하께서는 폐하의 가장 훌륭한 장점이 뭐라고 생각하십니까?"

황제는 인터뷰가 진행되는 동안 내내 아주 자연스럽게 자고 있었다. 잘 알려져 있듯이, 인간의 집단 무의식은 잠들어 있는 동안에만 어떤 종류의 조사에도 완전히 반응하기 때문에, 유감스럽지만 시간 여행은 아직도, 잠자고 있는 이들에게만 한정되어 있는 것이다. 그는 질문에 당황한 듯 화려한 소파 위에서 안절부절못하며 몸을 뒤척였다. 마침내 그는 잠재의식 속에서 자기 만족에 찬 말투로 대답했다.

"이봐, 귀여운 아가씨, 내 재능과 능력은 너무도 많기 때문에 그 중에서 어떤 것을 선택해야 할지 무척이나 어렵군. 나의 예술적 재능, 특히 시적 음악적 재능, 정치적 수완, 운명에 대한 뛰어난 예감, 평민들에 대한 사랑, 삶을 즐길 줄 아는 능력, 미와 우정과 젊음에 대한 열정…, 등 정말 너무 많아서 망설이지 않을 수 없어."

그는 장점들을 일일이 열거하느라 지루해지고 지쳐 버린 듯 말이 끊겼다. 그러나 한참 있다가 그 목소리는 다시 살아났다.

"하지만, 내 장점이 뛰어나고 수없이 많다 하더라도, 나는 과감히 이 모든 것 중에서도 가장 큰 장점은 진실함이라고 말하고 싶다."

메릴린은 깜짝 놀랐다. 분명 이 남자는 농담을 하고 있는 게 틀림없는 것이다! 그녀는 자신이 잘못 들은 것이었기를 바라면서 자문했다.

'저 위대하다는 네로는 자신의 생각을 설명하고 싶어하는 건가?'

아마도 그녀의 마이크가 달린 헤드폰의 자동 번역기가 실수를 한 것이 아닐까?

황제는 점잖을 빼며 대답했다.

"그래, 물론, 내가 의미하는 것은 난 항상 내 감정에 충실하고 나 자신에게 솔직하려고 노력해 왔다는 거야. 난 완전한 진실함을 향한 이런 노력이 내 모든 행위의 궁극적인 설명이 된다고 믿고 있어."

이것은 방금, 널리 알려져 있는 네로의 악행 중 몇 가지를 떠올리고 있던 메릴린에게는 말도 안 되는 소리였다.

"그렇지만 폐하의 가정 교사였던 세네카를 살해한 것, 또한 그 문제와 관련해서 폐하의 어머니 아그리피나와 왕비 옥타비아를 죽인 것에 대해서는 어떻게 생각하시는지요?"

메릴린은 이 이름들을 언급할 때 네로가 흥분하리라 기대했다. 그러나 네로는 지루함을 억지로 참고 있는 사람처럼 다만 한숨만 내쉬었을 뿐이었다. 그는 말했다.

"나도 알아, 알고 있다고. 그런 행위들은 어떤 사람들에게는 경멸할 일로 보일지도 몰라. 하지만 그것은 다만, 그들이 내 감정을 이해하지 못하기 때문이야. 내가 즉위해 통치하던 처음 5년 동안 나의 어머니가 나를 완전히 통제했던 것을 생각해 보라고. 난 사람을 자기 마음대로 휘두르려 드는 어머니의 강한 성격에 완전히 속박당하는 것을 느꼈어. 나는 어머니 때문에 숨도 제대로 쉴 수 없고 내가 원하는 대로 나 자신의 삶도 영위할 수 없어 질식할 것만 같았어. 글쎄, 오죽했으면 세네카와 후궁 포페아까지도 어머니를 제거해 버리라고 나를 부추길 정도였다니까! 그리고 내 마누라 옥타비아로 말할 것 같으면, 내가 그녀와 이혼한 후 그녀는 나를 반대해

궁중과 민중들 사이에서 음모를 꾸미기 시작했어. 난 내가 황제로서 살아 남으려면 그녀의 입을 다물게 해야 한다고 생각했던 거야. 마지막으로, 세네카는 나를 권좌에서 몰아 내려고 모의했기 때문에 죽였지. 반역자가 항상 나 몰래 음모를 꾸미고 있는데 어떻게 내가 평화로운 마음으로 나라를 다스릴 수 있었겠나?"

자기 질문이 좀 만족스럽지 못한 방향으로 전개되어 가는 것을 보고 메릴린은 이 문제는 이쯤 해서 접어 두고 대화의 방향을 바꾸기로 했다. 그녀는 말했다.

"잘 알았습니다. 그러나 폐하의 선동적 명령으로 인해 온 로마가 화염에 휩싸이고 도시의 사분의 일이 파괴되었던 것에 대해서는 어떻게 생각하시죠?"

"글쎄, 그 일 역시 진정으로 나 자신에게 충실하려는 문제였다고 할 수 있어. 잘 알겠지만, 나는 여기저기에 그리스 양식의 장려한 기념물들과 건물들이 산재해 있는 웅장하고 화려한 로마를 건설하려는 꿈을 갖고 있었지. 그런데 이 꿈을 실현시키고 나의 미적 감각에 불후의 표현력을 부여해 줄 방법을 찾아 낸 거야. 그러나 그러기 위해서는 우선 그 도시의 케케묵은 낡은 요소들을 싹 쓸어 버려야 했고, 불이 바로 이것을 확실하게 해주는 유일한 실제적인 방법이었지. 그것은 기분 좋은 일은 아니었지만 해야만 하는 당위적인 일이었어."

메릴린은 반격을 가했다.

"그렇다 하더라도 왜 그리스도교 신자들에게 방화죄를 뒤집어씌우고 그들을 민중의 분노의 희생양으로 이용하셨죠? 증거도 없이 허위로 날조된 그들의 죄에 대한 벌로 폐하께서는 그들에게 동물 가죽의 옷을 입혀 개들이 공격하게 하셨죠. 폐하께서는 그들을 십자가에 못박고 궁정 뜰에서 불태우셨어요. 그러고는 그들이 불에 타 죽어 가고 있는 동안, 전차(戰車)를 모는 전사(戰士)의 옷으로 갈아 입고 군중에 뒤섞여, 그 인간 횃불들이 불타는 모습에 더욱 자극을 받아 전차에 올라타서 이리저리 온 뜰 안을 마구 전차를 몰고 다니셨죠. 그것은 지극히 잔인한 행동이 아니셨던가요?"
황제는 쾌활하게 말했다.
"이런! 아가씨는 나 같은 시인이자 예술가가 그와 같은 상황에서 어떻게 느끼는지를 전혀 이해하지 못하는 것 같군. 그 광경은 비길 데 없이 너무나도 완벽한 것이었어. 나는 그 극적인 사건에 대한 나의 자연스러운 예리한 육감을 표현하지 않을 수 없었던 거야. 내 영감을 짓눌러 그대로 질식시켜 버려야 했을까? 나의 느낌을 부정해야 했을까? 단지 로마 제국이 쓰레기 같은 인간 몇 명쯤 죽인다고 해서 행위자로서 나의 재능을 활용하려는 나의 간절한 욕망을 무시해야 옳았을까? 아가씨가 내 입장이었다면 어떻게 했었을까? 아니, 아가씨, 내가 그때 체험하고 있던 경이로운 느낌을 억누르는 것은 부자연스럽고 건강하지 못한 일이었을 거야. 다른 어떤 행동도 위선이었을 거라고."
인터뷰는 아주 오랫동안 진행되었다. 마침내 메릴린은 리포트의 목적을 달성할 충분한 근거 자료를 얻어냈다고 생각했다. 그래서 그녀는 황제를 그냥 선잠을 자도록 내버려 두고 다음 실험 대상자인 칭기즈 칸에게로 갔다. 그녀는 바로 얼마 전에 중세 중국사 수강을 끝냈고, 이 몽골 통치자에 대해 많은 것을 들었기 때문에 이 두 번째 회견에 대해 상당히 기대를 걸고 있었다.

그녀는 중세를 향해 시간의 강을 따라 떠내려가면서 칭기즈 칸에 관해 알고 있는 것을 마음 속으로 재검토해 보았다. 그녀는 그가 어떻게 유라시아의 스텝 지대(시베리아 등지의 수목이 없는 대초원:역주)의 많은 유목민족 중 하나에서 점차로 부상(浮上)해 왔는지, 또한 출정을 통한 약탈과 정복으로 서쪽으로는 아드리아 해에 이르기까지, 또 동쪽으로는 중국의 태평양 연안에 이르기까지 세력을 확장하면서 어떻게 위대한 몽골 제국을 이룩해 왔는지를 기억해 냈다. 그녀는 또한 그가 칭기즈 칸 또는 모든 시대의 가장 위대한 대륙 제국의 만국 통치자라고 공언될 때까지 그가 자행했던 침략, 전주민의 계획적인 살인, 그의 권력을 나누어 갖고자 했던 옛날 동맹자들을 배반하는 대량 학살을 생각해 냈다.

메릴린은 칭기즈 칸을 보는 순간 이 몽골의 역전의 용사가 그녀가 기대했던 대로 만만찮은 사람임을 알았다. 잠을 자면서조차 이 용사는 파괴하기 위해 가죽끈을 풀어서 폭력을 행사할 만반의 준비가 되어 있는 사람처럼 보였던 것이다. 조금 위압감을 느끼면서 그녀는 다소 불안한 상태로 인터뷰를 시작했다. 그러나 곧 이것은 근거 없는 것임이 판명되었다. 칸은 그녀의 모든 질문에 아주 기꺼이 대답했기 때문이다.

"당신이 생각하실 때 당신의 가장 큰 장점은 무엇인가요?"

그는 머뭇거렸다. 그 역시 네로와 마찬가지로 겸손은 그의 장점이 아니었다. 그는 매우 심각하게 설명했다.

"아가씨도 아다시피, 신들은 나에게 대단한 육체적 강건함, 불굴의 의지, 꺾을 수 없는 뜻, 충고를 잘 받아들이는 마음, 융통성과 적응성, 친구들에게 충실함, 기본적으로 경건한 마음…. 등을 허락해 주셨지. 그래서 그 문제에 대해 결정을 내리기는 쉬운 일이 아니야."

그는 잠시 말을 멈추고 깊이 생각에 잠겼다. 그러나 마침내 큰 소리로 거리낌없이 말했다.

"그렇지만 신들이 주신 이 모든 재능을 신중히 저울질해 본 결과, 나는 가장 중요한 한 가지, 정말로 나를 단적으로 보여 주는 특징이라고 말하고 싶은 한 가지, 즉 진실함을 잊고 언급하지 않았음을 알았어."

그러고는 메릴린이 놀라움의 충격에서 벗어날 시간도 주지 않고 그는 대량 학살, 살인과 파괴를 포함한 모든 것이 자기 성취를 위한 그의 열정에서 나온 것이라고 하며, 그것을 어떻게 수행해 왔는지에 대해 장황한 설명을 계속해서 늘어놓았다. 마침내 그는 결론을 내렸다.

"잘 알겠지만, 나는 내가 세계의 가장 위대한 통치자가 될 수 있는 내적 능력을 갖고 있다는 것을 항상 직감적으로 느껴 왔어. 나는 동정심과 연민을 발휘해 나의 강건함을 거슬러 내 숙명과는 동떨어진 길을 가든지, 아니면 유혈과 폭력을 통해 위대해지는 나의 소명을 따르든지 할 수가 있었지. 그런데 후자를 선택했기 때문에 오직 난 나 자신에게 충실할 수가 있고 진실함의 엄격한 원칙에 따를 수 있는 거야."

두 사람의 증언을 듣고 나니 메릴린은 그녀의 세 번째이자 마지막 실험 대상자인 히틀러가 어떤 말을 할지 벌써부터 어렴풋이 짐작이 갔다. 그녀의 추측은 맞아떨어졌다. 히틀러 또한 그의 주요한 덕으로서 진실함에 대해 열을 올려 가며 말했을 뿐 아니라 실제로도 진실함을 발산했다. 그의 이 덕은 영기(靈氣)처럼 그에게서 발산되었기 때문에 지금 그의 말을 들으면서 메릴린은, 이 남자가 수백만의 독일인들에게 어떻게 그들의 인종적 우월성을 확신시킬 수 있었는지, 또한 유다인들에 대한 그에 상응하는 경멸과 증오를 어떻게 그들에게 주입시킬 수 있었는지 이해할 수가 있었다. 유다인을 몰살시키기 위한 아우슈비츠와 마우타우젠의 강제 수용소들, 유다인 '문제'에 대한 그의 최후의 해결 방법, 인류의 유일한 창조적 구성 분자로서의 아리안족에 대한 그의 광적인 숭배와 같은 모든 것이 히틀러를 구성하고 있는 됨됨이 하나하나를 다 반영해 주고 있었다. 그의 인격은 너무나 잘 통일되어 있고 완벽하고, 전혀 흠잡을 데 없이 잘 균형잡혀 있으며, 마음을 다 드러내 보여 줄 만큼 솔직했기 때문에 자석과도 같이 전체 일반 대중의 마음을 끄는 일종의 무서운 마력을 갖고 있었다.

메릴린이 마침내 히틀러에게 작별인사를 했을 때, 그녀는 그의 가장 깊숙한 감정들은 사탄조차도 훨씬 더 진지하게 전적으로 받아들였을 것이라는 의심이 들 정도였다. 어쨌든 그녀가 최면상태에서 빠져 나왔을 때는 리포트를 쓸 준비가 다 되어 있었다. 그래서 그녀는 본격적으로 착수했다.

그 다음 날 저녁때쯤 그녀는 거의 끝마칠 수가 있었다. 단지 두세 시간 잔 것 외에는 잠시도 쉬지 않고 계속했던 것이다. 그 동안 그녀가 먹은 것이라곤 도넛 열두 개와 보온병 두 개에 담겨 있던 커피가 전부였다. 그리고 이제 그녀는 리포트의 결론 부분에 이르렀다. 그녀는 생각했다.

'가장 어려운 부분인데, 도대체 이 모든 것의 결론을 어떻게 내린다지? 내가 만났던 세 명의 악인이 진실하다는 것은 의심할 여지가 없어. 그렇지만 그들은 잔인한 범죄자들이야. 진실함이 그들의 다른 결점들을 벌충해 주는 장점이 될 수 있는가? 그 행위자가 진실한 한, 죽이고 파괴하는 것이 옳은 일이고 아무 문제가 되지 않는다고 말할 수 있을까?'

이 문제는 더 깊이 숙고해야 한다는 것을 그녀는 알았다. 그러자 또다시 그 주말의 두 번째 영감이 떠올랐다. 이 문제에 대해 덕이 높은 고결한 인물과 인터뷰를 하는 게 어떨까? 그의 증언은 악인들의 덕에 관한 리포트에 사용될 수는 없겠지만 아마도 악인들의 진실함을 평가할 수 있는 어떤 기준은 제공해 줄 수 있을 것이다.

이것은 가능성이 높은, 아주 그럴 듯한 연구 방향처럼 여겨졌다. 그래서 그녀는 즉석에서 그렇게 하기로 마음먹었다. 그녀는 다시 한 번 더 시간 여행을 이용하여 인터뷰를 할 것이었다. 그런데 누구를? 여기서 그녀는 유명한 인물을 찾아 내려고 애쓸 필요가 없었다. 한 이름이 즉시 그녀의 마음에 떠올랐다. 바로 예수님이었다! 진실함에 관한 모든 것을 알고 있는 실존했던 인물이 있다면 그분이 바로 그런 유일한 분이셨다. 그리하여 그녀는 타임 머신을 다시 조정하고 마지막 인터뷰를 하기 위해 떠났다.

이번에는 그녀의 실험 대상자는 잠들어 계시지 않고 오히려 반(半) 혼수상태로 고뇌하고 계셨었다. 그분은 생사의 갈림길에서 헤매며 십자가에 매달려 계셨다. 메릴린은 이번에는 준비 단계가 필요없다는 것을 알아차렸다. 그래서 예모를 갖추지 않고 바로 단도직입적으로 질문을 던졌다.

"주 예수님, 어제 저녁 겟쎄마니에서 당신께서는 임박한 당신의 수난을 예견하시고 극도의 슬픔을 느끼셨죠. 당신께서는 고통의 잔을 거두어 달라고 아버지께 기도하시기까지 하셨습니다. 그렇지만 결국 당신께서는 자신의 감정을 거슬러 아버지의 뜻에 따르셨지요. 그런 상황에서 당신의 감정은 건강하고 또 정상적인 반응이었다고 할 수 있지 않을까요?"

오랫동안 침묵이 흘렀기 때문에 메릴린은 예수님께 질문한 자신의 태도가 너무나 무례한 것이 아니었나 걱정되기 시작했다. 그러나 마침내는, 그 죽어 가시는 분의 잠재의식에서 나오는 목소리가 마치 먼 곳에서처럼 들려 왔다.

"그래, 그것은 건전하고도 건강한 감정이었지. 그러나 너희 모두를 구원하는 것이 내 감정보다 훨씬 더 중요했다."

그녀는 주장했다.

"그리고 유다가 당신께 입맞추었을 때 그를 쫓아 버리고 싶은 유혹을 느끼지 않으셨나요?"

"그러나 나의 역겨움보다 유다가 더 중요했다."

메릴린은 잠시 깊이 생각했다. 예수님이 하신 말씀을, 그녀가 만났던 세 명의 악인이 한 말과 어떻게 연결지을 수 있을 것인가? 마침내 신성을 모독하는 무례함을 무릅쓰고 그녀는 자신의 생각을 그대로 말했다.

"말씀하시는 뜻은 알겠습니다, 주님. 그렇지만 자기 자신에 대한 진실함, 즉 참되다고 하는 것에 대해선 어떻게 생각하세요? 감정에 충실하지 못하고 건강치 못한 감정 억압의 위험에 대해선 어떻게 생각하시죠? 사람은 자신에게 충실할 의무가 있지 않은가요?"

예수님은 한숨을 쉬셨다. 그분은 이 반론에 숨겨져 있는 이면의 진리를 아주 잘 분별해 내셨던 것이다! 그분은 적당한 말을 찾지 못하신 듯 잠시 머뭇거리시는 것 같았다. 그러시더니 다시 거침없이 말씀하셨다.

"메릴린, 감정이란 것은 바다 표면의 파도처럼 밀려왔다가

밀려가곤 하지. 그러나 바다에는 또한 깊은 해류가 있단다. 인간은 그의 감정들의 표면적 물결이 오고 가는 소리를 들을 수도, 아니면 그의 마음 속의 깊은 흐름 소리를 들을 수도 있지. 그의 마음을 따른다면, 그는 그의 야망, 이기적인 욕구, 권력욕 등을 포함하고 있는 그의 그러한 부분을 저버리고 있는 것처럼 보일지도 모른다. 하지만 실제로는, 하느님과 같은 그의 그러한 부분을 채워 가고 있는 것이다."
예수님의 목소리는 더 격앙되었다. 그분은 계속해서 말씀하셨다.
"메릴린아, 너도 아다시피 내 아버지 안에는 오직 사랑만이 있단다. 그것이 정당한 것일지라도 자기 자신이 우선적이 되는 욕구가 일어나는 경우에, 그렇지만 다른 누군가를 사랑하기 위해 그 욕구를 버릴 때 그는 정말 일종의 죽음과도 같은 고통을 맛보게 된다. 그러나 그는 또한 더 많이 나의 아버지를 닮게 되는 것이며 그분의 생명을 더 깊이 함께 나누는 것이란다. 그래서 자기의 생명을 잃어버리는 그는 그것을 알게 된단다…."
그분의 목소리는 점점 작아지며 스러져 갔다. 예수님은 눈에 띄게 기력이 다해 가고 계셨고, 그분의 잠재의식적인 마음조차도 이제는 거의 그 기능을 잃고 있었다. 메릴린은 이것을 알아차렸고, 내키지는 않았지만 더 이상 아무 질문도 하지 않기로 했다. 그녀는 예수님이 말씀하신 것을 다 이해하지는 못했지만 이제는 진실함의 개념을 새로운 시각에서 이해하게 되었다. 그녀는 이제 리포트의 결론을 쓸 준비가 되어 있었다.
두 번째 시간 여행에서 돌아오자마자 메릴린은 컴퓨터 앞에 앉아서 한 번도 멈추지 않고 결론을 다 써내려 갔다. 그 마지막 단락은 다음과 같다.

"진실함이 미덕이라 할지라도 악인에게 그것은 가장 위험한 덕이다. 그에게는 그것이 윤리의 궁극적 가치와 절대적 기준이 되기 때문이다. 악인은 자신을 우주의 중심이라 여기고 모든 사람이 다 자기 주위로 끌려와야 한다고 생각한다. 그래서 그의 진실함은 악마적 자만심이 되고 만다. 오직 겸손한 사람에게서만 진실함은 안전한 덕이 될 수 있다. 그는 남이 자기 자신에 대해 문제삼는 것을 받아들이며, 더 나아가 이웃의 행복을 위해 언제나 기꺼이 자기 자신의 이해(利害)를 떠나 살아가기 때문이다. 다시 말하면, 진실함도 사랑의 법에 의거한 것이어야 하는 것이다. 그렇지 않다면 그것은 단지 이기심을 충족시키기 위한 위장에 지나지 않는 것이다. 다른 모든 것과 마찬가지로 윤리도, 그 깊이를 헤아릴 수 없는 하느님의 무한한 사랑을 포함하여 사랑이 가장 최후의 궁극적인 단어인 것이다."

8
다만 지나가 버리고 마는 것

"이 땅 위에는 우리가 차지할 영원한 도성이 없습니다.
우리는 다만 앞으로 올 도성을 바라고 있을 뿐입니다."

히브 13, 14

다만 지나가 버리고 마는 것

55세가 된 테추오 이시카와는 도쿄에서 가장 영향력 있는 부자 중 한 사람이었다. 그런데도 그는 전혀 행복하지 않았다. 은행, 공장, 선박회사, 백화점 들을 소유하고 있는데도 그는 결코 충분히 갖고 있다고 느껴지지가 않았다.

그는 때때로 이렇게 생각하곤 했다.

'나는 언제쯤에나 행복하다고 느낄 만큼 충분히 갖게 될까?'

물론 그는 매우 활동적인 사람이었기 때문에 그의 기분이 항상 이런 것은 결코 아니었다. 그러나 이따금씩 그는 그의 이름을 딴 거대한 호텔 맨 꼭대기 층의, 비스듬한 차양이 있는 초호화 객실에 앉아서 창 밖을 바라보곤 했다. 멀리 보이는 광경은 때로 스모그에 잠겨 있을 때도 있었다. 그러나 다른 때는 하늘이 맑았다. 그 이유는 강한 바람이 불어와 스모그를 날려 없애 버렸거나, 혹은 1월이어서 스모그를 방출시키는 공장들이 휴가를 맞아 일을 쉬기 때문이었다. 그럴 때면 그는 약 90킬로미터

쯤 떨어져 솟아 있는, 눈 덮인 뾰족한 봉우리 후지산을 찾아 내곤 했다. 그러면 그 큰 산 근처에 있는 한 절에서 스님으로 있는, 그의 동생 주니치를 마음 속에 떠올렸다.
  그는 그때마다 이렇게 생각하곤 했다.
  '아, 나는 모든 것을 다 갖고 있는데도 하나도 행복하지가 않아. 동생은 모든 것을 포기했으니 어쩌면 행복할지도 몰라.'
  이러한 생각은 그의 마음을 점점 더 사로잡았다. 그래서 어느 날, 그는 동생을 찾아가기로 마음먹었다. 만일 주니치가 스님으로서 행복을 발견했다면, 그는 모든 걸 포기하고 동생과 함께 살 생각이었다.
  테추오가 동생이 있는 절에 도착하자 주지 스님이 매우 정중하게 그를 맞아 주었고, 주니치는 지금 후지산 비탈에 있는, 큰 절에 딸린 작은 암자에서 혼자 생활하고 있다고 알려 주었다.
  주지 스님이 가르쳐 준 대로 산길을 따라가니 곧 그 암자가 나타났다. 거기서 테추오는 동생이 결가부좌(結跏趺坐)를 하고 앉아서 눈을 크게 뜨고 눈 덮인 하얀 산봉우리의 빛나는 장엄한 모습을 응시하고 있는 것을 보았다. 그들은 30년 이상을 서로 만나지 않았기 때문에 동생 스님은 처음엔 형을 알아보지 못했다. 주니치는 가족들과의 완전한 단절을 계속 주장해 왔던 것이다. 그는 수련기간 중에 형에게 이렇게 편지를 쓴 적이 있었다.
  "내가 수도승으로서 행복을 발견하기 바란다면 난 더 이상 가족이나 친구들을 만나지 말아야 해. 나는 내가 사랑하는 모든 걸 포기해야만 해. 그렇지 않으면 나는 참된 초월이란 것이 어떤 것인지 결코 알지 못하게 될 거야."

그런데 30년이 지난 지금 형제는 서로 얼굴을 맞대고 만나게 된 것이다. 자기 소개를 하고 서로를 확인하고 수없이 머리 숙여 인사하며 미소를 보낸 후 두 사람은 후지산을 바라보며 앉았다. 오랫동안 침묵이 흘렀다. 주니치는 30년이란 긴 세월이 흐른 후 그의 형이 자신을 방문한 데에는 아주 특별한 이유가 있을 거라고 생각했다. 그래서 그는 형이 털어놓고 말할 때까지 참을성 있게 기다렸다. 마침내 테추오가 침묵을 깨뜨리며 말했다.

"주니치야. 네게 한 가지 물어 볼 게 있어서 왔다. 앞으로의 내 모든 미래는 네 대답 하나에 달려 있으니 제발, 아주 신중히 생각해서 대답해 다오."

주니치는 알았다는 뜻으로 고개를 끄덕였다. 테추오는 계속해서 말했다.

"내 질문이란 바로 이거야. 너는 행복하니?"

스님은 머뭇거렸다. 그러더니 슬픔에 젖은 눈으로 형을 쳐다보면서 말했다.

"테추오 형, 나도 내가 정말 행복하다고 말할 수 있었으면 좋겠어. 하지만 그렇지가 못해. 물론 마음이 평화롭긴 하지. 난 내가 영위해 온 이 생활에 만족하고 있다고까지 말할 수 있고, 나로서는 더 나은 상태는 생각할 수 없어. 그러나 행복하지는, 진정으로 행복하지는 않아."

테추오는 한숨을 쉬며 다시 물었다.

"하지만, 그렇다면 주니치, 우린 어떻게 해야 하는 거지? 난 모든 것을, 아니 거의 모든 걸 다 갖고 있는데도 행복하지가 않고, 넌 아무것도, 거의 아무것도 갖고 있지 않은데도 행복하지 않다니. 너는 누가 우리에게 행복할 수 있는 비밀을 말해 줄 수 있다고 생각하니?"
"형, 그 질문을 할까 봐 두려웠어. 불행히도 난 아직까지 그 비밀을 알고 있는 사람을 아무도 발견하지 못했어."
그러고는 형제는 그날 내내 말없이, 만년설이 덮인 후지산을 응시하고 있었다.
테추오는 며칠 동안 그 암자에 머물렀다. 이 기간 동안 형제는 인생의 의미, 운명, 내세와 그 밖의 다른 비슷한 주제들에 대해 긴 대화를 나누었다. 물론 동생 스님은 이 문제들에 대해 많은 것을 얘기해 주었다. 테추오는 본래 실질적인 실업가였기 때문에 그가 이해하기에는 어려운 이야기들이었다. 그러나 동생의 얘기를 귀기울여 듣고 있으려니 점점 더 인생의 궁극적인 문제들에 대해 알고 싶은 욕구를 느꼈다.
그래서 떠나야 할 시간이 다가왔을 때 그는 충동적으로 주니치에게 말했다.
"주니치, 부탁이 하나 있는데 잘 도와 주기를 바란다."
"그게 뭔데?"
테추오는 천진스런 미소를 지으며 대답했다.
"으응, 너도 아다시피, 나는 요 며칠 동안 우리가 논의했던 문제들을 이해하는 데 아직도 여전히 어린아이와 같아. 그리고 너는 훌륭한 선생님이야."
주니치는 가볍게 고개를 숙이고 겸허하게 부인하는 미소를 지었다. 테추오는 계속해서 말했다.
"그래서 나는 네 관점에서 훨씬 더 많이 배워야 할 거야. 하지만 더 이상 내 일을 제쳐 둘 수는 없는 형편이야. 그러지 않으면 아마 많은 사람이 심각하게 큰 불편을 느끼게 되거든. 미안하지만 나와 함께 잠시 동안만 도쿄로 가주지 않겠니? 너는 내 호텔에서 따로 네 방을 가질 수 있고, 우리 대화 사이사이에 네가 원하는 모든 고독을 즐길 수도 있어. 그렇지 않고 네가 도쿄의 많은 절 중 한 곳에서 머물기를 더 바란다면 내가 매일, 아니면 거의 매일 방문해도 되고."

그의 목소리는 간청하는 어조를 띠었다.

"제발 부탁한다, 주니치, 단 몇 주일만. 나는 행복과 인간의 운명, 그리고 그 밖의 여러 가지 일들에 관해 훨씬 더 많이 알아야 해."

물론 스님은 이 초대를 수락하는 것이 별로 내키지 않았다. 그는 그 자신도 형과 똑같은 근본적인 문제들에 직면해 있었기 때문에 테추오를 도와줄 수 있을지 매우 의심스러웠다. 그렇지만 형의 고뇌에 대한 연민에서 그는 이 초대를 수락하였다. 혹 누가 아는가? 눈먼 이들까지도 서로 동행해 주는 데서 위안을 찾는데…. 그래서 형제는 도쿄를 향해 함께 출발했다.

그들은 기차를 탔고 목적지에 도착했을 때, 기차 역에서부터 테추오의 호텔까지 그들을 태워다 줄 택시를 찾았다.

곧 택시 한 대가 그들 앞에 멎었다. 운전기사는 수케오 미나미라는 이름의 둥근 얼굴에, 출중한 외모의 남자였다. 그는 40대 초반으로 결혼하여 세 아이가 있었으며, 항상 웃음을 잃지 않는 사람이었다. 그는 또한 그리스도인이자 한 개신교회의 목사였다. 그런데 그의 교회는 신자 수가 적어 정규적으로 급료를 받을 수 없었다. 그래서 그는 일주일에 사흘을 택시 운전을 해 수입을 보충해야만 했다.

그가 정중하게 물었다.

"어디로 모실까요, 존경하올 두 분 선생님."

그들은 그에게 호텔 주소가 적힌 명함을 주었고 택시는 출발했다. 이 택시를 탄 것은 테추오와 주니치의 삶에 영원히 영향을 줄 운명적인 만남이었다.

형제는 택시 뒷좌석에 앉아, 기차를 타고 오면서 인생에서 행복을 보장해 주는 수단과 방법 들에 대해 시작했던 토론을 계속했다. 이 순간 주니치는 완전한 초월에 관한 불교의 가르침을 설명하고 있었다.

그가 형에게 말했다.

"형이 아무것도 바라지 않을 때, 형 안에 있는 모든 욕망이 사라질 때, 그때 형은 행복하지는 않다 하더라도 적어도 마음만은 평화로운 거야."

테추오는 열심히 듣고 있었다. 그러나 지금은 정중한 손짓으로 동생의 말을 가로막으며 말했다.

"주니치야, 용서해라. 그 가르침은 매우 감탄할 만한 것이지만, 나로서는 아무것도 바라지 않는 나 자신은 상상할 수가 없구나. 나의 문제는 내가 모든 것을 바라면서도 그것을 가지지 못한다는 데 있는 거야."

수케오는 도쿄의 거리들을 누비며 운전해 가는 동안 이 대화를 아주 흥미롭게 듣고 있었다. 이때 그는 그의 승객들에게 말을 걸었다.

"죄송하지만 대화에 끼여드는 것을 용서하십시오, 고귀하신 신사분들. 그러나 어쩌면 제가 도와 드릴 수 있을지도 모르겠습니다."

그는 미안해하며 덧붙였다.

"실은, 저는 위대하신 주님께 가르침을 받아 왔습니다. 그러나 그분께 직접 가르침 받은 게 아니라 그분의 제자들을 통해서요."

그는 급히 분명하게 해명했다.

형제는 호기심을 느꼈다. 보통은 그들은 이러한 참견을 무시하고 운전기사에 개의치 않고 그들의 대화를 계속하곤 했었다. 그렇지만 이번에는 두 가지 사항이 그의 말에 귀를 기울이게 했다. 첫째는, 그가 그 자신의 어설픈 철학을 드러내 보이려고 자신의 주장을 펴는 것이 아니라 훌륭한 스승의 철학(아마도 흥미로운 것일 어떤 것)을 주장하고 있기 때문이었다. 그리고 둘째로는, 그의 한결같은, 기쁨이 가득한 활기찬 태도가 그를 어느 누구보다도 행복이 바로 곁에 있는 사람으로 보이게 했기 때문이었다. 그래서 그들은 물었다.

"당신이 말씀하시는 그 위대하신 주님이란 도대체 누구입니까?"

그들은 이 이름을 한 번도 들어 본 적이 없었다.

수케오는 계속했다.

"그분은 이천 년 전에 사셨고 돌아가신 분이십니다. 그러나 그 이후 그분의 제자들이 그분의 가르침을 온 세상에 전했죠. 사실 우리 일본은 그 가르침이 잘 알려져 있지 않은 몇 안 되는 나라 중 하나입니다."

형제는 서로 쳐다보고는 생각했다.

'이천 년 동안이나 전해져 온 가르침이라면 들을 가치가 있는 게 틀림없어. 누가 알아? 어쩌면 그것은 우리에게 행복에 관한 어떤 것을 가르쳐 줄지도 몰라.'

주니치가 수케오에게 물었다.

"그러면 그 위대하신 주님은 행복에 대해 어떻게 말씀하시는가요?"

그 순간 그들은 매우 복잡한 교차로에 이르렀기 때문에 택시 기사는 운전에 온 정신을 집중해야 했다. 그러나 일단 위험한 십자로를 통과하자 그는 쾌활하게 대답했다.

"사실 그분은 어떤 문제에 대해 직접적으로 많은 것을 가르치시지는 않았습니다. 사람들에게 어떻게 선한 삶을 살 것인지를 가르치시는 데 더 전념하셨지요. 그렇지만 그분은 몇 가지 중요한 것을 말씀하셨습니다."

수케오는 생각을 정리하느라 잠깐 말을 멈추었다.

"우선, 그분은 이 세상에서 가장 쉽게 행복을 발견할 수 있는 사람들은 가난한 이, 굶주리는 이, 슬퍼하는 이와 박해받는 이 들이라고 가르치셨습니다. 그분은 또한 가장 불행한 사람들은 부자들이라고 말씀하셨습니다. 그들은 그 부에 만족하여 그 이상의 다른 어떤 것은 아무것도 바라지 않는 아주 위험한 상태에 빠지기 쉽기 때문이라고 하셨습니다. 그들은 현세의 삶에서 모든 것을 소유하고 있기 때문에, 또는 그렇게 생각하는 몇몇 사람들은 다른 어떤 것도 찾지 않게 되죠. 그래서 그것이 그들의 불행의 가장 큰 근원이 되는 것입니다."

이 마지막 말이 부유한 사업가인 테추오에게 강한 충격을 주었다. 그가 물었다.

"당신은, 이 세상 삶에서 모든 걸 갖기를 바라는 것이 잘못이라고 말씀하시는 겁니까? 어떤 사람이든 모든 걸 소유하려고 추구하는 게 인간의 본능인데 어떻게 그럴 수가 있습니까?"

"고매하신 선생님, 잘못은 모든 것을 추구하는 데 있는 것이 아닙니다. 그와 반대로, 선생님이 방금 말씀하신 것처럼, 우리가 우리의 가장 진실된 본능을 존중하고 우리 자신을 아무 것도 바라지 않는 상태로 잘못 이끌어 가지 않는 한, 우리는 더 적게 갖고 있는 것에 결코 만족하지 못할 것입니다."
이 마지막 말은 분명히, 초월에 대해 주니치가 조금 전에 했던 말에 의도적으로 반대하는 것이었다.
"잘못은 현세에서 모든 것을 찾으려고 기대하는 데 있는 것입니다. 현세가 제공하는 것에만 만족하는 것입니다. 우리는 무한을 추구하도록 창조되었고, 그 이하의 어떤 다른 목적을 위해 창조된 것이 아닙니다. 주님의 한 유명한 제자가, '오, 주님, 우리의 마음은 당신 안에서 쉴 때까지는 평안할 수가 없나이다.'라고 쓴 것처럼 말입니다."
주니치가 이의를 제기했다.
"그렇지만 세속을 초월하는 것에 대해선 어떻게 생각하십니까? 당신의 주님은 그것을 비난하셨나요?"
수케오는 뒷거울로 스님을 바라보며 온화하게 미소지었다.
"오, 아닙니다, 존경하올 선생님. 그 반대로 주님은 초연한 것을 아주 좋아하셨습니다. 그렇지만 더 큰 애착의 수단으로서만 좋아하셨지요."
"더 큰 애착이라뇨? 무엇에 대한 애착 말입니까?"
스님은 택시기사의 말에 깜짝 놀라면서 물었다.
"그분이 하느님 나라라고 부르셨던 것에 대한 더 큰 애착입니다."
수케오는 '하느님 나라'는 하느님의 지고하신 뜻이 한 사람, 한 민족 또는 전인류를 다스리게 될 때 이루어지는, 완전한 평화와 축복을 받은 상태라고 간단히 설명했다. 그는 이렇게 결론을 지었다.

"우리는 하느님의 무한하신 사랑의 통치를 영원히 누리도록 운명지어져 있습니다. 그러면 우리는 온전히 행복해질 것입니다. 그 동안에 우리는 그러한 은총상태에 이를 수 있도록 모든 것을 희생할 준비가 되어야 합니다. 특히 우리의 마음을 그보다 못한 어떤 것에도 두지 말아야 합니다. 그러므로 초연함이란 욕구를 억압하는 수단이 아닙니다. 오히려 그 반대로 초연함은 우리 욕구를 강하게 해주는 것입니다. 하지만 동시에 초연함은 욕구를 올바른 길로 방향지어 주는 것입니다. 우리는 궁극적인 행복을 이 세상의 그 어떤 것에서 찾지 않도록 예정되어 있는 것입니다. 그것은 너무나 하잘것없는 일일 것입니다."
여기서 수케오는 아주 기쁜 듯 크게 웃었다.
"잘 아시겠지만 인생은 택시를 운전해 가는 것과도 같습니다. 택시 안의 승객들은 더 편안하게 느낄 수도, 아니면 덜 편안하게 느낄 수도 있지요. 그렇지만 결코, 그 택시가 그들의 실제 목적지라도 되는 듯 택시 안에 거주지를 정하려고 꿈꾸지는 않을 것입니다. 그들은 목적지에 닿을 때까지는 정말로 만족스럽게 생각지 않지요. 택시를 타고 가는 동안 그들은 그저 적당히 편안하기만을 바랄 뿐 그 이상의 어떤 것을 바라지는 않는 것입니다. 인생도 그와 마찬가지입니다. 이 세상은 아름답고, 우리를 흥분시키며, 즐거움으로 가득차 있습니다. 그러나 가장 큰 불행은 이 세상에서 완전한 행복을 얻기를 기대하는 것입니다. 그것은 우리의 갈망과는 너무도 거리가 먼 것이지요. 우리는 하느님의 영원한 기쁨을 누리도록 부르심 받은 것입니다."
형제는 이 작은 웅변을 아주 주의 깊게 듣고 있었다. 그들은 마음 속으로, 수케오가 한 말 한마디 한마디가 모두 진실임을 인정하고 있었다. 비록 그것이 왜 그런 건지 설명할 수 없긴 했지만. 그들은 또한, 예수 그리스도에 관해 좀더 많이 알게 되었기 때문에 이제부터 그들의 삶은 새로운 방향으로 나아가게 되리라는 것을 어렴풋이나마 느끼고 있었다.

호텔에 도착해 택시에서 내렸을 때, 그들은 마음 속에 전에는 결코 경험해 보지 못했던 평화와 기쁨을 느꼈다. 수케오에게 작별인사를 하면서 그들은 그에게 진심으로 감사했다. 수케오는 환한 미소를 지으며 다만 이렇게만 말했다.

"고매하신 선생님들, 부디 너무나 가치가 없는 것에 마음을 두지 말아야 한다는 것을 기억하십시오. 모든 우주만물은 우리 어느 누구에게도 너무나 작은 것입니다."

그러고는 그는 급히 사라져 갔다.

훗날, 그들의 인생길에서 일어났던 이 에피소드를 회상할 때마다 주니치와 테추오는, 그들이 만났던 모든 사람 가운데 확실히 그 택시기사가 행복에 가장 가까이 다가가 있는 사람이라는 데 의견을 같이했다.

9
기다림의 필요성

"그런데 마침 거센 바람이 일더니
물결이 배 안으로 들이쳐서 물이 배에 거의 가득 차게 되었다.
그런데도 예수께서는 뱃고물을 베개삼아 주무시고 계셨다."

마르 4, 37-38

기다림의 필요성

이사벨은 지각했다. 그녀는 항상 지각을 했다. 그러면 늘 그렇듯이 그날의 나머지 시간들을 '허둥지둥 정신 없이' 보내야 하는 것이었다. 우선 그녀는 회사까지 가는 버스를 급히 타야 했는데, 그것도 정신 없이 서두르다가 결국은 버스를 잘못 타고는 또다시 사무실에 늦게 도착할 것이다. 그리고 나면 상사가 도착하기 전에 일을 끝내어 그것을 상사의 책상에 갖다 놓기 위해 급하게 일을 한 나머지 제대로 해놓지도 못한 채, 자신의 책상 위에 산더미같이 쌓인 우편물들을 처리하느라 애쓸 것이다.

그런 다음엔, 너무나 서두르는 바람에 생긴 많은 실수들을 바로잡기 위해 절반은 또다시 타자를 쳐야 할 것이다. 요컨대 이것은 이사벨의 삶에서 전형적인 모습이 될 것 같았다. 서두르고 또 서두르는 하루, 부랴부랴 분망하게 일을 해치우고 어떤 일도 결코 정시에 정확하게 해내지 못하는 하루. 다시 말하면 비참한 하루였다. 이러한 날들이 통례적인 것이었으므로, 대체로 그녀는 불행한 삶을 영위하고 있다고 말할 수 있다.

 의심의 여지 없이, 그대로 간다면 사태는 이와 같이 끝없는 악순환이 계속될 것이다. 그러나 어느 날, 그녀의 인생행로를 완전히 바꾸어 놓는 일이 일어났다. 그날도 그녀는 허둥대며 길을 건너다가 지나가던 차에 치어 의식을 잃고 쓰러져 가장 가까운 병원으로 급히 옮겨졌다. 병원에 들어갈 때 그녀는 입구에 페인트로 쓴 여러 표시들―응급실 입구, 대기실, 접수창구, 약국 등―을 충분히 알아차릴 수 있을 만큼, 그녀가 지금 어디에 와 있는지 알 수 있을 정도로 희미하게 의식을 되찾았다. 왠지 모르지만 어떤 확실치 않은 이유에서 처음의 두 가지 표시는 기억에 남았다. 그리고 그녀는 일종의 단조로운 노래와 같이 '응급실 입구, 응급실, 절실한 필요성, 대기실, 대기, 대기하다, 기다림의 필요성, 기다림을 절실히 요청함'을 반복해서 말하는 목소리를 들은 것 같았다. 그러고는 그녀는 깊은 혼수상태에 빠졌다.

 혼수상태에서 그녀는 현대의학과 심리학이 이제 막 연구를 시작한, 생사의 갈림길에 있을 때 나타나는 마음의 어떤 한 상태를 체험했다.

 그녀는 갑자기, 아무것도 어떤 뚜렷한 윤곽이 없는 것처럼 보이는 낯선 무인지대에 자신이 와 있음을 알았다. 그녀는 희미한 숲 속의 광경을, 좀더 정확히 말하면, 반투명한 안개에 싸여 부드럽게 보이는 초자연적인 빛이 내리쬐고 있는 숲의 빈터를 분별해 낼 수 있었다. 그러나 이 불분명한 배경과는 대조적으로 두 사람의 모습은 아주 뚜렷이 눈에 띄었다. 한 사람은 스피디(Speedy : 빠른)라고 부르는, 단정치 못한 인물이었는데,

그는 고질적으로 잠시도 가만히 있지 못하고 언제나 불안한 듯이 보였다. 그 순간에도 그는 팔을 흔들고 거친 콧김을 요란하게 내뿜으며 기쁨을 억제키 힘든 듯 너털웃음을 터뜨리면서 왔다 갔다 하고 있었다. 또 다른 한 인물은 스피디의 기괴한 행동을 조용히 지켜보고 있었다. 그의 이름은 플래시드(Placid: 평온한)였는데, 그에게 아주 잘 맞는 이름이었다. 그의 모든 용모가 이사벨에게 가장 감명 깊은 인상을 준, 일종의 위엄 있는 평온함을 나타내 주고 있었기 때문이다. 이들 두 사람은 한창 대화에 열중하고 있었다.

스피디는 승리감에 도취되어 양철깡통 소리와 같은 높은 목소리로 말하고 있었다.

"잘 보라고. 난 저 계집애를 내가 바라던 장소인 병원 침대에서 영혼이 피투성이가 되고 찌그러지고 산산조각으로 부서진 상태로 손에 넣었어. 아, 인생에는 우리 사탄들에게 즐겁고 매력적인 순간들이 있단 말이야."

그런 다음 그는 상대방에게 낄낄 웃으면서 빈정거렸다.

"여보게, 친애하는 플래시드, 자네는 이사벨 문제에서 내가 자네보다 훨씬 더 앞서 있다고 생각하지 않나? 그녀 꼴 좀 보라고! 자신의 어리석은 서두름의 희생물이 되어 생사의 기로에서 저기 저렇게 늘어져 있지 않은가 말이야. 정말로, 자네는 내가 몇 년 동안이나 그녀를 끊임없이 괴롭히며 자극하고 부추긴 것이 드디어 이제 가장 만족스러운 결과를 나타내고 있다는 걸 시인해야만 하네. 그리고 나는—너무나 솔직한 나를 용서하게나—자네는 그녀의 수호천사로서 확실히 실패자라는 걸 말하지 않을 수 없네."

플래시드는 이 장광설을 불쾌하게 듣고 있었다. 그러나 상대방이 이렇게 무례하게 이사벨에 대한 그의 실패를 언급했을 때, 그의 입술엔 엷은 미소가 번졌다.
그는 부드럽게 대답했다.
"아마도 자넨 좀 너무 성급하게 기뻐하는 것 같네, 스피디. 이사벨은 똑똑한 여자라는 걸 기억하게. 조만간 그녀는 자네의 계략을 간파할 걸세."
이 순간 악마는 기묘한 웃음을 터뜨렸다. 그는 점점 더 신경질적으로 왔다 갔다 하며, 흥분된 몸짓을 하면서 이렇게 말했다.
"아니, 플래시드, 행여라도 그런 기대는 하지 말게. 저 계집애는 어떤 일이 자신에게 일어나고 있는지를 알기에는 지금 너무도 고분고분 내가 시키는 대로 하고 있으니까. 내가 끈기있게 부단히 보살펴 온 덕분에, 서두르려는 욕구는 그녀가 어렸을 때부터 그녀의 마음 속으로 뚫고 들어왔지. 서둘러라, 이사벨, 서두르라고! 더 빨리, 이사벨, 더 빨리! 생각하지 말아라, 이사벨, 계획을 세우지 말아라! 오직 돌진, 돌진하고, 또 돌진하기만 해라! 이제 자네에게 묻겠네, 플래시드. 대체 누가 저렇게도 나무랄 데 없이 잘 맞추어진 조건에 저항할 수 있겠는가?"
그러나 플래시드는 확실히 그렇게 생각하고 있지 않은 것 같았다.
"스피디. 자네가 자네 자신의 불안함을 내 피보호자에게 전염시키는 데에는 가장 능수능란한 자라는 사실엔 동의하네."
플래시드에게 등을 돌리고 왔다 갔다 하고 있던 스피디는 '불안함'이라는 말에 눈에 띄게 자극받아 즉시 멈춰 서서 주위를 뱅글뱅글 돌았다.

"불안함?"

그는 방어적으로 되물었다.

"물론 나는 불안해. 우리 사탄들은 모두가 불안하지! 그리고 우리가 그렇다는 건 당연한 일이야. 우리와 같은 상황에서 그렇지 않을 사람이 누가 있겠나? 우리는 자네와 같지 않다고. 자네는 이 세상에서 언제든지 시간이 있지만 우린 그렇지가 못해. 자네에겐 영원무궁한 시간이 있지만, 우리에겐 어떤 시간이든지 오직 최후의 심판 때까지만 시간이 있을 뿐이라고. 그리고 그 자유 시간이라는 것도 무정하게 시시각각으로 똑딱거리며 지나가 버리고 있단 말이야. 그 후엔 그것이 우리에게는 지옥이라는 벌로 되돌아올 거라고. 그런 생각을 하면 어느 누가 신경질적이 되지 않겠나?"

"그리고 자네의 수법은 인간들을 자네처럼 신경질적으로 만드는 거야. 안 그래?"

스피디는 조금 긴장을 풀었다. 그는 은근히 자만심이 깔린 목소리로 대답했다.

"물론이지! 그들이 생각을 덜 할수록 우리에게는 더 좋은 일이지. 그들이 생각하기 시작하면 그들은 곧 서두를 필요가 없다는 것을 발견하게 되니까. 모든 인간은 그걸 알고 있을 거야. 인간들 자신의 금언들도 그것을 아주 공공연히 말하고 있지 않나. 왜, 저 라틴 격언을 기억하나? '급할수록 천천히'라는. 19세기 전에 이미 수에토니우스가 그것을 알고 있었지."

"자네가 말하는 사람은 아우구스투스 황제야."

플래시드가 건성으로 정정해 주었다.

"아우구스투스든 수에토니우스든 그게 무슨 상관이람?"

악마는 성급하게 응수했다.
"어쨌든 그리스인들은 라틴인들에 앞서 그것을 알았어. '급히 굴면 일을 그르친다.'고 그들은 말해 오곤 했지. 그 모든 것은 결국 똑같은 말이야. 일을 더 빨리 성공적으로 잘 해낼 수 있기 위해서는 천천히 하라! 이것은 그야말로 순전히 상식이지."
플래시드는 빙그레 웃었다.
"오오, 그래? 상식에 지나지 않는다고?"
악마는 마치, 자기보다 더 똑똑한 누군가를 우롱하려고 시도하다가 그 자리에서 탄로난 사람처럼 당황한 것 같았다.
"글쎄, 자네는 내가 하려는 말의 의미를 알고 있잖아."
"그래, 스피디, 난 자네가 말하려는 바를 알고 있어. 그렇지만 자네가 말하려는 바를 사실 그대로 말하는 것이 좀더 정직한 거겠지. 우린 지금 여기서 상식에 지나지 않는 일에 대해서 얘기하고 있는 게 아니네. 자네와 나는, 인간들이 회전목마처럼 어지럽게 돌아가는 몹시 바쁜 그들의 생활에서 조금만 속도를 늦추고 잠시 짬을 내어 쉰다면 어떤 일이 일어나게 되는지 알고 있네. 그들은 자네 관점에서 볼 때는 이미 그 자체로 아주 나쁘게 여겨지는 그런 어떤 것을 생각하게 되지. 그러나 그들은 그 이상의 것—또는 자네 입장에서 본다면 훨씬 더 나쁜 것—을 생각하게 되지. 즉 그들은 저녁노을을 감상하고, 시를 읽고, 박진감 넘치는 음악을 들으며, 친구를 도와 주고, 바다를 바라보기도 하며, 장미꽃 향기를 맡는 등, 영혼을 풍요롭게 해주는 모든 종류의 활동에 몰두하게 되는 거야. 그러한 활동들을 하게 되면 어떤 일이 일어나게 되는지 자네는 아주 잘 알고 있지 않은가? 인간들은 더 인간다워지고, 창조물들과 더 가까워지며, 나의 주님과 더 일치하게….”

"됐네, 그만."

스피디는 거칠게 말을 가로막았다. 하느님과 관계된 언급은 어떤 것이든 그의 기분을 가장 언짢게 만들었다.

"그렇지만 대부분의 인간들은 너무나 어리석어서 그것을 이해하지 못하지."

그는 득의만면하여 이빨을 드러내고 씩 웃으며 덧붙였다.

"물론 우리는 우리가 할 수 있는 최대한으로 그들이 진실을 보지 못하도록 방해를 하지. 이봐, 플래시드, 이 점에서 자네는 속도의 시대인 이 이십 세기는 우리 사탄들이 개인적으로 승리하고 있다는 것을 인정해야만 하네. 사람들은 더 이상 생각할 겨를이 없는 거야. 그들은 오직 나는 듯이 달리고만 있을 뿐이라고. 아니면 그들 자신이 말하듯 시간을 아끼지. 그리고 이사벨이 계속 그런 상태로 나간다면 반드시 그렇게 되고 말겠지만, 그처럼 그들은 흔히 자신의 파괴를 가속시킨다고."

"만일 내가 자네라면 자네처럼 그렇게 금방 '승리'를 외쳐대지는 않을 걸세, 스피디."

천사는 잠시 깊이 생각하더니 덧붙여 말했다.

"가까운 시일 내로 이사벨은 여러 사실들을 추론해 종합해서 판단해 보고, 그렇게 서두름으로 해서 일어난 이 모든 일 때문에 그녀가 얼마나 불행한가를 이해하게 될 거야. 아니면 드물기는 하겠지만, 언젠가 틈이 나면 성서를 집어 들고 복음을 대충 훑어보면서 책장을 넘기다가, 예수님은 결코 서두르신 적이 없다는 것을 발견하고 놀랄 것이네."

순간 스피디는 사시나무 떨 듯 몸을 떨었다.
"제발 그 단어는 말하지 마!"
그는 날카롭게 소리쳤다.
"어떤 단어?"
"그 이름. 그 이름이 거론될 때마다 우리를 꼼짝 못하게 마비시키는 그 두려운 이름 말이야."
"아! 그 이름? 예수 그리…."
플래시드는 천진스럽게 큰 소리로 말했다. 스피디가 급히 말을 가로막았다.
"그래, 바로 그 이름 말이야. 두 번 다시 그 이름을 들먹이지 말라고!"
플래시드는 빙그레 웃었다.
"잘 알았네, 내 자네에게 자비를 베풀지. 그러나 언젠가는 그 이름이 자네의 패배에 도장을 찍게 될 거라는 걸 잊지 말게."
"나도 알아, 안다고, 안다니까!"
악마는 큰 소리로 악을 썼다. 그런 다음 고통으로 일그러졌던 그의 얼굴은 긴장이 풀리고, 교활하게 웃으며 말했다.
"하지만 잠시 동안은, 이 세상에서 이사벨과 같은 사람들은 모두 우리 것이야. 그들이 계속 서두르는 한 우린 우리 마음대로 그들을 조종할 수 있다고."
플래시드의 표정이 엄숙해졌다.
"당분간은 이사벨이 자네 말을 들을 거라는 건 인정하네. 그러나 그것이 항상 그렇지는 않을 거라는 것은 사실이네. 누가 아는가? 아마도, 자네가 그렇게도 교묘하게 획책한 바로 이 사건이 예상을 뒤엎고 자네에게 불리한 결과가 될걸. 이사벨이 한동안 병원에 입원해 있으면 대부분의 경우에 그렇듯, 그녀는 생각할 시간을 갖게 될 거야. 그러면 어떤 일이 일어나게 될지 누가 알겠는가? 스피디, 이번에 자넨 자신의 힘을 너무 과신한 나머지 지나친 책략을 꾸몄다는 사실을 알게 될걸. 우리 주님은 자네의 책략조차도 이용해서 당신의 목적을 이루실 수 있도록 섭리하시지. 나는 지금 당장 이사벨이 기다리고, 생각하며, 관상하고, 가르침을 받는 것의 절실한 필요성을 깨닫는다 해도 놀라지 않을 걸세. 진짜로 중요한 건 중요한 일들에 대해 가르침을 받아 깨닫는 것이야. 하느님은 결코 서두르시는 법이 없어. 그분은 중요한 일들만 다루시기 때문이지."

이사벨이 혼수상태에서 깨어났을 때 그녀는 스피디와 플래시드 사이에서 들었던 그 이상한 대화를 생생히 기억했다. 마음속에서는 아직도 '절실함-기다림'이란 두 단어가 메아리치고 있었다.

6주 후 병원 문을 나설 때 그녀는 완전히 딴 사람이 되어 있었다. 그녀는 더 이상 서두르지 않았으며, 더 이상 회사에 지각하지도 않았다. 더 이상 미친 듯 정신 없이 타자기를 두들겨 대거나 다시 타자하는 일도 없었다. 그녀는 이제 항상 조용하고 침착하며 들뜨지 않고 유능한 사람으로 변해 있었다. 더 중요한 것은, 이제 그녀는 늘 행복감을 느끼고 있다는 사실이었다. 그리하여 퇴근할 때면 때때로, 그녀는 조용히 버스 안에 앉아서 이렇게 기도하곤 했다.

"고마워요, 플래시드. 당신 말이 맞았어요. 모든 일에 성급하고 무모하게 덤벼드는 대신, 잠깐 멈추어서 기다릴 때 하느님을 훨씬 더 쉽게 발견하게 되는 것 같아요. 사실, 내가 충분히 오랫동안 생각해 볼 때는 언제나 그분을 어디에서나 발견한답니다!"
그러고는 다시 생각해 보며 다음과 같이 덧붙였다.
"아, 그리고 말이 났으니 말이지만, 스피디에게 이젠 나 말고 다른 이사벨을 찾아보라고 꼭 전해 주세요. 여기 있는 이사벨은 그와는 이제 완전히 손을 끊었으니까요."

10
거짓 없는 진실 회사

"'하지만 그는 아무것도 걸치고 있지 않네요.'
한 어린이가 말했다."

한스 크리스티안 안데르센, 「벌거숭이 임금님」

"우리의 소명은 그 어린이가 한 것과 같은 일을 하는 것이며,
'임금님은 벌거벗었대요.'라고 말하는 일을 계속하는 것이다."

토머스 머턴, 「벙어리가 된 사람들에 대한 공격」

거짓 없는 진실 회사

　랜디는 큰 광고 대행회사의 광고문안가였다. 그는 아침 8시부터 저녁 5시까지 이른바 광고라고 부르는, 진실이 담기지 않은 무의미한 선전문구를 줄줄이 지어 내야 했다. 그 선전문구는 압정에서부터 세계일주 유람선 여행에 이르기까지 모든 것을 망라했다. 이제 랜디는 말장난을 하는 데는 도사가 되었다. 그러므로 번쩍거리는 것이라면 모두 금이라고 속이는 광고의 거짓된 세계에 그가 얼마나 구역질을 느끼고 있는지 상상할 수 있을 것이다.
　기지가 번쩍이는 28세의 이 청년은 따분한 비누 광고, 무미건조한 윤활유 광고, 그리고 기분을 저하시키는 과자 광고문안 작성 등에 자신의 에너지를 헛되이 소모하고 있었다. 물론 이런 모든 것을 그는 그럴 듯한 말과 현혹되기 쉬운 빈말들로 미화시켜야 했다. 특정한 한 비누가 이 세상의 어떤 다른 모든 비누보다도 더 좋다는 걸 증명하는 데 온 정력을 다 쏟아 부어야 한다는 것은 얼마나 어리석은 일인가! 그런데도 랜디는 단골이 될 가망성이 있는 소비자들에게, 월요일에는 니트 브라이트가 최상품 세제이며, 화요일에는 또 옴니 클렌즈가 가장 좋은 세제라고 운운하며 납득을 시켜야 했다. 끝도 없이 쏟아져 나오는 빈말들의 홍수, 그러나 그것은 진실에는 아무 관심도 없는 말들이었으며, 제품의 진짜 장점은 고려하지 않고, 진실을 말하는 데 목적이 있지 않았으며, 무슨 수를 써서든 소비자를 설득시켜 상품을 파는 것만을 목표로 하는 것이었다.

랜디가 기지가 바닥나 거의 절망상태에 빠져 있던 어느 날, 그는 이상한 체험을 하게 되었다. 그는 신자가 아니었지만 이 날은 그의 새 여자 친구의 비위를 맞춰 주기 위해서 함께 미사에 참례했다. 그는 성당 안에서 진행되는 전례에는 아무 관심이 없었기 때문에, 시간을 보내기 위해 그 자리에 놓여 있던 성서를 폈다. 그의 시선은 극적인, 예수님에 대한 재판 장면에 멈췄다.

거기서 예수님은 빌라도에게 이렇게 말씀하시고 계셨다.
"나는 진리를 증거하기 위해 태어났고 그 목적을 위해 세상에 왔다. 진리를 증거하는 사람은 누구나 다 내 목소리를 알아듣는다."
그러자 빌라도가 물었다.
"무엇이 진리인가?"
어떤 이유에선지 이 장면은 그 다음 며칠 동안에도 랜디의 마음에서 떠나지를 않았다.
'무엇이 정말 진리인가?'
매주 수십 개씩 그가 작성해 내는, 겉만 번드르르한 상업적 선전문구들에는 진실이 없다는 것이 확실했다. 예수님의 단순하고도 솔직하신 태도는 그와는 전혀 다른 어떤 것에 대해 말하고 있었던 것이다! 그것은 말들이 오직 사실 그대로를 말하는 데만 사용되는 그러한 세계를 드러내 보여 주고 있었다.

그것에 대해 잘 알지도 못했지만, 그는 점심 식사를 하거나 차를 마실 때 곰곰이 숙고한 것을 동료들에게 말하기 시작했다.

"우리가 대중에게, '들으시오, 무식한 얼간이들이여, 이것이 세상에서 가장 좋은 차라오. 우리말을 믿으시오. 우리는 돈을 받고 이런 말을 하는 것이기 때문에 사실을 잘 알고 있단 말이오.'라고 말하는 대신 거짓없는 진실을 말한다면 얼마나 신선하겠나? 사실 우리는 이렇게 말해야 해. '이 차는 나쁜 차는 아닙니다. 하지만 또한 아주 좋지도 않습니다. 이 차는 도시에서 이용하도록 제조되었으며, 무리 없이 잘 관리만 한다면 8년에서 10년까지 사용하실 수 있습니다. 그러나 장거리 여행에는 휘발유가 너무나 많이 들지요. 더 좋은 차를 살 만한 여유가 없으시다면 이 차를 사세요. 투자하신 만큼의 가치는 있을 것입니다. 그렇지만 기어가 다소 약한 점이 있으니 주의하셔야 합니다.' 이런 광고가 내가 좋다고 생각하는 광고 유형이야."

회사 동료들은 그의 솔직함에 폭소를 터뜨리며 이렇게 이의를 제기하곤 했다.

"자네는 제조업자들이, 우리가 진실을 말하는데도 우리에게 광고비를 지불할 거라고 생각하나?"

그러나 그는 그 문제에 대해 이렇게 대답하곤 했다.

"제조업자들은 그렇지 않겠지만 대중은 그럴 것이네. 그들은 오직 있는 그대로의 진실만 말하는 광고회사를 높이 살 걸

세. 혹시 알아? 지금 우리가 하고 있는 일처럼 절반은 거짓말을 주워섬기는 것보다 진실 그대로를 말할 때 돈을 더 많이 벌 수 있을지?"

이런 종류의 대화는 흔히는, 세계를 변화시킨다든지, 그와 유사한 취지의 그런 어떤 일은 불가능하다고 하는 냉소적인 말대꾸로 끝났다. 하지만 랜디의 말은 두 동료에게 영향을 미쳤다. 어느 날, 그들 세 사람은 페리의 선술집에서 맥주를 마시면서, 거짓투성이의 선전문구를 억지로 써야만 하는 데 대한 강한 불만과 그 일이 백해무익하다는 생각을 함께 나누고 있었다. 얼마 후 그들은, 여러 다양한 소비자 단체를 대신하여 조사해 달라고 요청받고 있는 모든 제품에 대해 상당한 수수료를 받으면서 '마약과도 같이 그럴 듯한 거짓말로 속이는' 정보 대행 회사와는 별개로, 그들 세 사람이 한 팀이 되어 작은 광고 대행회사를 설립하자는 의견을 내며 즐거워했다. 그들이 계속 그 생각을 여러 각도에서 검토해 보았을 때 그것은 점점 더 그럴 듯하고 실현 가능한 일처럼 보였다. 어쨌든 바로 '거짓 없는 진실 회사'가 설립되려는 순간이었다.

새 회사는 간소하게 시작해야 했으며, 실제로 또한 그랬다. 책상도 세 개만 간신히 사무실에 들여 놓았고, 전화도 한 대밖에 없었으며, 비서도 없이 그야말로 아주 간소했다. 벽에는 '오직 진실만을'이라는 좌우명을 걸어 놓았다. 그리고 실제로도 바로 그대로 실행했다. 그들의 방법은 단순했다. 위탁 제품에 대한 정보 제공을 요청받으면, 그들은 그들이 할 수 있는 한 철저하게 그것을 조사해서 그 품질뿐만이 아니라 그 제품의 결함에 관해서도 그들이 발견한 것을 절대적 객관성을 가지고 통보했다.

이 일을 시작한 지 처음 몇 달 동안은 고객이 적어 수지가 안 맞았다. 그렇지만 그 후, 그들의 평가가 매우 신빙성이 높다는 사실이 알려지게 되자 점점 더 많은 고객들이 몰려들었다. 곧 그들은 더 좋은 사무실로 이사를 하지 않으면 안 되었다. 정말로 광고에서 진실을 추구하려는 우리의 세 친구들에게는 일들이 호전되어 가고 있었다.

당연히 '오직 진실만을' 말하는 것은 법정에서는 아주 적절한 일이지만 사업세계에서는 그렇게 오래 가지 못하는 법이다. 기업들은 처음에는 거짓 없는 진실 회사에 거의 주의를 기울이지 않고, 그들의 사업을 물불 가리지 않고 달려드는 돈키호테식 모험이라고 코방귀만 뀌었다. 그러나 곧 있는 그대로의 진실은, 그 제품을 교묘하게 제조하는 것보다도 더 교묘하게 광고를 하는 몇몇 대기업들에 손해를 주게 되었다. '오직 진실만을' 말하는 것은 힘있는 회사들에게는 충격적인 경험이었다. 그 회사들은 그때까지 항상 마술과도 같이 사람을 홀리는 광고 캠페인과 약삭빠른 포장에 의존해 오고 있었다. 거짓 없는 진실 회사는 마침내 상부상조하자는 정중하지만 협박조의 요청을 받게 되었다. 그런 다음엔 명예훼손으로 고소당하는 일이 잇따랐다.

그러나 다행스럽게도, 이들이 한 조사와 그에 따른 정보들은 언제나 나무랄 데 없이 완벽하게 기록되어 있었고 또한 공정하고 사실 그대로였다. 법정은, 거짓 없는 진실 회사가 발표한 것이 그 회사들의 명예를 손상시키고 있긴 하지만, 명백히 공공의 이익을 위해 행한 것이기 때문에 명예훼손에 해당되지 않는다는 것을 인정했다. 물론 이 소송들을 통해 얻게 된 평판은 진실함과 절대적 신빙성에서의 회사의 명성을 더욱 높여 주었을 뿐이었다. 그에 따라, 이 광고 대행회사가 그 제품을 보증해 준다는 것은 그 회사의 번영을 약속해 주는 사업상의 영예로 간주하게 되었다.

그리하여 랜디는 모든 일에서 순조로웠다. 마침내 그는 빌라도 앞에 서 있던 죄수 예수님의 위엄 있는 태도에서 언뜻 보았던 있는 그대로의 진실을 추구하는 데 진력하겠다는 그의 꿈을 실현해 가고 있었다. 단순히 여자 친구를 기쁘게 해주기 위해 성당에 갔던 그날 이후로, 그는 여러 번 그 구절을 반복해서 읽었다. 그 말은 항상 그를 고무시켜 주었다. 여전히 그는 성당에 다니지 않고 있었다. 그러나 그는 얼마쯤은 자신이 예수님의 제자가 되어 있다는 사실을 알았다. 이것을 그는 어느 누구에게도 결코 시인하지 않았지만, 사실은 그가 할 수 있는 최대한으로 복음 말씀에 충실할 예정이었다. 그렇지만 때로는 그렇게 하는 것이 쉽지 않을 때도 있었다.

어느 날 랜디는 이상한 방문을 받았다. '리걸 뷰티'라는 화장품 제조회사를 대표해서 두 명의 신사가 특별한 성격을 띤 의뢰서를 랜디에게 건네 주었던 것이다. 그 내용은 6일 이내에 주름살을 제거할 수 있는 혁신적 형태의 미용 크림이라는 그들 회사의 새 제품에 대해, 일어날 수 있는 제품의 부작용은 언급하지 말고 자기네 회사에 유리한 기사를 발표해 줄 수 있겠느냐는 것이었다. 랜디는, 그들의 요구는 완전히 비윤리적이며, 자신의 양심을 어기는 일임은 접어 두더라도, 자신의 회사의 참목적에 어긋나는 것이라고 설명하면서 즉시 거절했다. 그러나 그들은 자기들 주장을 계속 고집했다. 그들이 확인할 수 있는 데까지 확인한 바로는 그 제품은 부정적인 부작용이 없다고 단언했다.

그렇지만 만일 거짓 없는 진실 회사가 어떤 사소한 결함이라도 적발하게 될 경우에는, 어떤 시한, 이를테면 6개월이 지날 때까지는 대중에게 그 결함을 알리지 말고 딱 한번만, 마지막으로 그것을 시정할 수 있도록 자기네 회사에 그 결함을 통보해 주는 방법을 택할 수 있지 않겠느냐고 제의했다. 다시 랜디는 거절했다. 그러자 그들은 아주 두툼한 돈 봉투를 제시했고, 이 문제에 협조만 해준다면 그의 입신출세의 길이 될 거라고 넌지시 말했다. 반면 거절한다면 뜻밖의 사고를 당하게 될지도 모른다고 했다. 그들은 이 말을 하면서 암암리에 위협을 하며 억지 웃음을 웃었다. 그들의 이런 접근이 역겨워 랜디는 벌떡 일어나 그들에게 떠나 줄 것을 정중하게 요청했다.

그 다음 몇 주일 동안 리걸 뷰티는 교묘한 협박과 함께 조건들을 제시하고 약속을 내걸면서 랜디의 입장을 떠보려 염탐꾼을 계속 보냈다. 그러나 랜디는 철석과도 같이 굽힐 줄을 몰랐다. 그에 대해 유일하게 그가 취한 행동은, 그의 두 동료에게 이 모든 문제에 대해 조심하도록 미리 주의를 준 것이었다. 그들은 이 문제를 모르고 있었던 것이다. 랜디가 거짓 없는 진실 회사의 설립자이며 사장이었으므로, 리걸 뷰티의 중역들이 눈에 띄게 랜디에게만 총공세를 폈기 때문이다. 그는 한 가지 또 다른 일도 했다. 신중하게 리걸 뷰티에 대한 조사를 하고, 그들이 이른바 기적이라고 부르는 그 크림 견본을 얻어 분석해 본 결과, 6일 이내에 주름살을 없애 주긴 하지만, 또한 2년 내에 피부암을 유발시킬 수도 있다는 것을 발견해 냈다. 그는 리걸 뷰티의 제안을 거절했던 것이 기뻤다.

그러자 '사건들'이 터지기 시작했다. 처음에 그것들은 다만 불법적인 방해에 지나지 않았다. 하루에 타이어가 세 개나 펑

크나고, 기물이 약간 파손된다든지, 차고 안에서 작은 화재가 일어나는 등이었다. 그런 다음엔 그런 사고들이 더 심각해졌다. 함부로 변조된 변속 레버 때문에 다른 차와 충돌할 뻔했으며, 우편으로 배달된 무엇인가를 섞은 초콜릿을 먹고 그는 일주일 내내 배가 아팠다. 또한 서로 꼬인 전선들은 그의 집의 모든 가전 제품을 엉망으로 만들었다. 그 동안 죽, 리걸 뷰티가 벌인 행동들은 점점 더 그 도를 더해 갔다. 약속들은 더 유혹적이 되어 갔고, 더욱더 노골적으로 위협을 했다. 사태는 위태롭게 곪기 시작했고, 랜디는 단호하게 어떤 입장을 취하지 않으면 안 되었다. 즉 점점 증가해 가는 압력에 굴복하든지, 아니면 아무것도 그의 마음을 바꾸게 할 수는 없다는 것을 리걸 뷰티에게 납득시키든지 둘 중 하나를 택해야 했다. 그는 후자를 택했다. 그는 리걸 뷰티 회사를 찾아가 회장을 만나, 리걸 뷰티는 시간을 낭비하고 있으며, 그는 결코 그의 진실을 포기하지 않을 것이라고 딱 잘라 말했다.

　일주일 후 어느 늦은 저녁, 랜디는 그의 사무실이 있는 빌딩에서 걸어 나오다가 괴한이 쏜 총을 맞고 쓰러졌다. 상처는 치명적이었지만 그는 즉시 죽지는 않았다. 그가 쓰러져 있는 곳으로 경찰과 구급차가 급히 달려오고 있을 때, 그는 멀리서 들려 오는 사이렌 소리를 듣고 있었고 잠시 동안은 의식이 아주 또렷했다. 고통 가운데서 그는 예수님이 빌라도 앞에 서서 재판 받으시는 장면을 되새겼다. 그런데 이때 어느 한 순간에, 예수님이 돌아서서 그에게 말을 건네시는 것 같았다.

　"너는 나의 참제자이다. 너 또한 진리를 증거해 왔기 때문이다. 오늘 너는 나와 함께 낙원에 들어갈 것이다."

　랜디는 깜짝 놀랐다. 어떻게 그가, 오직 광고업계에서 진실을 위해 있는 힘을 다했다는 이유 하나만으로 영원한 생명을 얻을 가치가 있을 수 있단 말인가? 예수님은 그의 생각을 훤히 읽고 계신 듯 랜디를 향해 빙그레 웃으시며 말씀하셨다.

"놀라지 말아라. 진리는 분리되어 있는 것이 아니다. 인간의 일에서의 진리는 또한 하느님의 일에서도 진리인 것이다. 실로, 인간의 일들은 하느님의 일들과 일치하기 때문이다. 그러므로 진리는, 위에서부터 아래까지 한 군데도 이음매가 없이 통짜로 짜여진 내 겉옷과도 같이 하나이다. 어떤 한 진리에 대해 증거하는 것은, 그것이 아무리 사소한 것일지라도 나를 증거하는 것이다. 자, 내 아버지께 축복받은 자여, 너를 위해 준비된 왕국을 물려받아라."

경찰이 도착했을 때는, 텅 빈 껍데기인 죽은 몸뚱이만 그 자리에 남아 있을 뿐이었다. 랜디는 이미 낙원을 향해 떠났던 것이다.

11
패배 가운데서의 승리

"남들의 비난에 신경을 쓰는, 겉보기에 이긴 듯한
사람들의 특징은
그가 패했을 때는 비참하게 느껴지만,
하느님이 패하셨을 때는 기뻐하는 것이다."

「탈무드」, 페사힘 119

패배 가운데서의 승리

이스라엘 민족의 조상 야곱은 노년에 한 가지 꿈을 꾸었다. 그 꿈에서 그는 훨씬 더 젊은 시절, 정확히 말한다면 그의 장인인 라반으로부터 도망쳤을 때의 시절로 돌아가 있었다. 다시 한 번 그는 야뽁 나룻가에서 노영(露營)을 하고 있었다. 때는 밤이었으며, 그는 두 아내와 아이들을 먼저 개울을 건네 보내고 홀로 남아 있었다.

그는 하느님(인간으로 변장한 하느님)과의 불가사의했던 그 씨름 시합 에피소드를 회상하고 있었다. 하지만 이번에는 그 사건에서 결말이 달랐다. 그들은 그때까지도 서로 상대방을 꽉 끌어안고 있었다. 그 낯선 이는 야곱보다 우세했고, 그의 체중의 힘으로 야곱의 몸이 땅에 닿을 정도가 될 때까지 누르며 그를 꼼짝 못하게 했다. 그 상대방은 야곱의 환도뼈를 치고는 자신의 이름을 밝히기를 거부한 채 그에게 복을 빌어 주었다. 여기까지는 그 꿈은 과거를 사실 그대로 상기시켜 주고 있었다.

그러나 바로 그 다음 순간 꿈에서 야곱은 실제 사건이 일어났었을 때 자신이 하지 않았던 어떤 행동을 하고 있었다. 야곱은 막 일어나서 떠나려 하는 그 사람의 겉옷자락을 붙잡고는 그에게 간청했다.

"가시기 전에 말씀해 주셔야 할 것이 있습니다."

"그것이 무엇이냐? 동이 터오기 전에 나는 떠나야 하니까 빨리 말해라. 그렇지 않으면 넌 내 얼굴을 보게 되어 죽게 된다."

그러자 야곱은 그가 하느님과 이야기하고 있다는 것을 알았다. 오직 하느님만이 그런 말을 신뢰가 가게 말씀하실 수 있으며, 그 상대방이 진실 그대로를 말하고 있다는 것을 뼛속까지 느꼈기 때문이다. 그러면 그럴수록 더욱더 야곱은 자신의 질문에 대한 답을 꼭 듣고 싶어졌다. 그래서 그는 계속 그 낯선 이의 옷자락을 붙잡고, 그의 얼굴을 겨우 2, 3인치 정도만 사이를 두고 그 사람의 얼굴에 바짝 갖다 댔다. 그 사람의 얼굴을 그는 다만 희미하게 윤곽만 알아볼 수 있을 뿐이었다.

야곱이 물었다.

"당신께서는 왜 방금 저와 씨름을 하셨습니까?"

그 낯선 이는 이 질문이 기쁜 듯, 야곱의 몸을 꽉 잡고 있던 것을 현저히 느슨하게 풀었다. 그렇지만 그는 아무 말이 없었다. 야곱은 별빛으로 그의 이가 하얗게 빛나고 있는 것을 볼 수 있었다. 그래서 그가 미소짓고 있다는 것을 알았다. 야곱은 계속 우겼다.

"말씀해 주십시오. 왜 저와 씨름을 하셨습니까? 제가 기억하는 한에는 저는 결코 당신께 나쁜 일을 하거나 당신을 거슬러 죄를 지은 적이 없는데요. 그리고 당신께서는, 당신 편에서는, 정말로 저를 해치려 하셨다면 당신의 강한 팔로 저를 눌러 죽일 수도 있으셨을 텐데요. 그런데 당신께서는 제게 복을 빌어 주시기만 하셨습니다. 그렇다면 왜 그러신 것입니까? 당신께서는 다만 제게 모욕을 주려고 하신 것입니까?"
이번에는 그 낯선 이는 미소를 거두고 머리를 세차게 흔들며 항변했다.
"네게 모욕을 주고 싶어한다고? 절대 아니다! 내가 바라는 것은…. 글쎄, 네가 이해할 수 있을지 모르겠다."
다시 그분은 떠나려는 듯이 그에게서 떨어지려고 하셨다. 야곱은 하느님이 왜 자기와 씨름을 하셨는지 그 이유를 영원히 모르게 될지도 모른다는 생각에 갑자기 두려움을 느끼며 애원했다.
"제발, 가시기 전에 말씀해 주십시오. 저는 꼭 알아야겠습니다. 그렇지 않으면 결코 마음이 편하지 못할 것입니다. 단순한 인간사에 비유해서 말씀해 주시면 이해할 수 있을 것입니다."
그분은 머뭇거리시더니 "좋다!"고 말씀하시고는 잠시 생각을 하시다가 불쑥 이렇게 물으셨다.
"네 아들들이 네 살이나 다섯 살 때 너는 장난으로 그애들과 씨름을 해보지 않았느냐?"
야곱은 깜짝 놀라 대답했다.
"네, 그랬습니다."
"왜지?"
야곱은 떠듬떠듬 대답했다.
"저, 저는 잘 모르겠습니다. 자연스럽게 그렇게 되는 것 같은데요. 그것은 다만 장난이었고…. 글쎄요, 제 생각에는,

어쨌든 그렇게 함으로써 그들의 키가 크고 강하게 성장하도록 하는 것 같은데요."
그는 잠깐 깊이 생각하더니 말을 이었다.
"그렇습니다. 저는 그애들에게 완전한 기쁨을 주기 위해서 금방 져주는 체하곤 했지요. 그러나 내심으로는, 그들이 진지하게 하는 실전에서 진짜로 저를 이길 만큼 실제로 충분히 강해질 날이 오기를 갈망하고 있었습니다. 제, 제 추측으로는, 자기 아들들이 자신을 이기기를 바라는 것이 모든 아버지의 꿈이라고 생각합니다."
그 낯선 사람은 야곱의 얼굴을 내려다보며 말했다.
"동이 밝아 오고 있으니 나는 가야 한다. 이제 너는 네 질문에 대한 답을 알게 되었다. 내가 너와 씨름을 한 것은 너를 강하게 만들려는 의도에서였다. 내 아들아."
그러고는 그분은 일어나셔서 야곱에게서 떠나가셨다. 그분 특유의 방식으로 인간을 사랑하시는 하느님에 대해 깊이 생각하도록 그를 남겨 놓으신 채.

12
작은 것이 아름답다

"무슨 일에나 이기적인 야심이나 허영을 버리고
다만 겸손한 마음으로 서로 남을 자기보다 낮게 여기십시오."

필립 2, 3

작은 것이 아름답다

    임피리얼 들로스 레이즈는 천성적으로 자존심이 센 여자였나. 18세에 관상 수도회에 입회해, 복음을 살아가는 것의 진정한 향상에 그녀의 자존심이 얼마나 장애가 되는가를 깨달았을 때, 당연히 그녀는 어떤 희생을 치르더라도 겸손해지기로 굳게 마음을 먹고 자신을 바꾸어 가기 시작했다. 그래서 그 다음 30년 동안 그녀는 가능한 모든 방법을 다 동원해서 겸손해지려고 애썼다. 그녀는 수녀원에서 항상 맨 끝자리에 앉고, 사람들이 가장 하기 싫어하는 일들을 도맡아 했을 뿐 아니라, 또한 천국에 들어가기 위해서는 작은 이가 되어야 한다고 명하고 있는 성서 구절들에 대해 자주 묵상했다.
    그렇지만 그녀가 주로 한 일은, 성공적으로 더 철저히 자신을 경멸하기 위해, 자신이 얼마나 죄가 많은 사람인가를 곰곰이 생각한 것이었다. 임페리엘은 여러 모로 최선을 다했는데도 결과는 별로 좋지 않은 것 같았다. 30년 동안 자기 분석과 가슴을 치며 자기 반성을 했음에도 그녀는 여전히 자존심이 강했으며, 그녀 자신도 그것을 잘 알고 있었다.

어느 날, 그녀가 자신의 구제불능에 가까운 센 자존심에 대해 거의 절망에 빠져 그녀의 방에서, 마침내는 자신이 보기에도 자기를 낮춘 사람이 되기 위해 무엇을 해야 하는가에 대해 깊이 생각하고 있을 때, 그녀의 마음 속에서 매우 분명하게 하느님의 목소리가 들려 왔다.

그 목소리는 이렇게 말하고 있었다.

"임피리얼아, 창가로 가보면 진정으로 겸손한 한 사람을 보게 될 것이다."

그녀는 이 이상스런 일에 어리벙벙해, 자기에게 일어나고 있는 일을 믿을 수가 없어 가만히 숨을 죽이고 있었다. 그녀는 아주 분별 있는 사람이었기 때문에, 소위 천상에서 들려 오는 소리를 중시하는 사람이 아니었다. 그러나 놀랍게도 또다시 그 목소리가 들렸다. 이번에는 그 어떤 피조물도 도저히 보여 줄 수 없는 거역할 수 없는 권위를 띠고 있었다.

그 목소리는 말했다.

"순종해라, 임피리얼. 그렇게 하는 게 내가 바라는 것이다. 창가로 가서 거리를 내다보아라. 그러면 진짜 겸손한 한 사람을 보게 될 것이다."

그 목소리는 너무나 설득력이 강해 저항할 수가 없었다. 그녀가 할 수 있는 유일한 일이란 그 명령에 좇는 것뿐이었다. 그래서, 이 이상한 체험에 다소 얼떨떨해서 임피리얼은 일어나 자기 방 창가로 걸어갔다. 창은 인접해 있는 거리를 향해 있었다. 거리는 차량들과 보행자들로 북적거리는 통행이 많은 번잡한 가로(街路)였다. 수녀가 창을 통해 자세히 바라보았을 때 곧 한 젊은 여자를 발견할 수 있었다. 그녀는 거리 미화원이었는데 길 모퉁이 쪽으로 거리를 쓸고 있었다.

"그래, 그녀가 바로 내가 말한 사람이다. 그녀에게 가서 배워라."

그 목소리가 이렇게 확인해 주었다.

이 순간 임피리얼은 말할 수 없는 당혹감으로 어쩔 줄을 몰랐다. 교육도 받지 못한 무식한 소녀가 중년의 관상 수도자인 자신에게, 30년 동안이나 부단히 노력했어도 체득할 수 없었던 것을 가르친다는 것이 가능하기나 한 일이란 말인가? 하지만 그 목소리는 너무나 단호하게 명령했기 때문에 그녀는 복종하는 수밖에 다른 도리가 없었다. 그래서 그녀는 방에서 나와 서둘러 거리로 나갔다.

물론 임피리얼은 자신이 질문하려는 주제를 어떻게 끄집어 내야 할지, 또 어떻게 대화를 시작해야 좋을지조차도 몰랐다. 그러나 행운의 여신이 그녀에게 미소를 지었다. 아니면 하느님의 섭리였을까? 그 순간 그 소녀가 자기 쪽으로 다가가고 있는 수녀를 보았고, 그래서 수녀의 얼굴은 밝아졌다. 그녀는 곧 그 소녀의 비질을 중단시키면서 말을 건넸다.

"오, 미안합니다, 자매님. 난 오늘 아침에 어떤 수녀님을 한 분 만나게 되기를 바라고 있었는데 여기 자매님이 있더군요."

소녀는 20대 초반의 나이로, 좀 예쁘지 않은 얼굴이었지만, 밝은 미소와 자연스런 우아함이 부족한 미모를 충분히 보상해 주고 있었다. 임피리얼은 자신의 과제가 이렇게 쉽게 이루어진 것에 감사했다. 소녀는 환하게 웃으며 물었다.

"그러셨어요? 그러면 제가 무엇을 도와 드릴 수 있을까요?"

자신을 파르바라고 소개한 소녀는, 임신으로 어려움을 겪고 있는 올케의 건강을 걱정하면서, 올케를 위해 '특별 기도'를 해주기 바란다고 했다. 임피리얼은 다음 수주일 동안 그 지향으로 성의를 다해 기도하겠다고 약속했다. 그러고는 교묘하게 화제를 바꾸어 말했다.

"그 대신에 파르바야, 아마 내 부탁을 들어 줄 수 있겠지?"

소녀는 진지하게 대답했다.

"물론이죠, 그게 뭔데요?"

그러자 임피리얼은 가능한 한 알기 쉽게, 수녀들에게도 마찬가지로 다른 사람들의 기도가 필요하다고 설명해 주었다. 그녀는 여러 해 동안 겸손함의 은총을 얻기 위해 애써 왔고 아직도 그것을 찾고 있다고 하며 자신을 예로 들었다. 그녀는 결론을 맺었다.

"정말이야, 파르바, 난 지금도 여전히 겸손과는 아주 거리가 멀단다."

수녀가 말하고 있는 동안에도 파르바는 자신의 일을 계속했다. 새로 알게 된 수녀가 마지막 이 말을 할 때 소녀는 흘끗 쳐다보고는 물었다.

"어떻게 그런 일이 있을 수 있어요? 저는 수도생활에서 겸손을 습득하는 것은 매우 쉽다고 생각했는데요."

수녀는 일반적인 이 오해에 미소지었다.

"오, 아니란다, 파르바, 그렇지 않단다. 우리는 겸손해지는 훈련을 수없이 하고 굴종을 추구하도록 가르침 받기까지 하지만 그것은 겸손 그 자체와는 아주 다르단다."

소녀는 어리둥절해하며 물었다.

"겸손해지는 훈련을 한다고요? 어떻게 하는 건데요?"

거리 미화원인 이 아가씨가 자신의 과업을 수행하는 동안 수녀는 그 말의 뜻을 소녀에게 설명해 주었다. 그렇게 하기로 미리 계획한 것이 아닌데도, 수녀는 지난 30년간 자신이 무엇을 해오고 있었는지를 정확히 말하고 있었다. 그 동안 그녀는 소녀가 빗자루를 힘차게 휘두르면서도 어떻게든 먼지가 최소한으로 적게 나도록 하는 것을 보았다. 소녀는 또한, 자기 일을 계속해 나감에 따라 방해할 수밖에 없는 노점 상인들이나 지나가는 사람들에게 상냥하게 미소지었다. 그녀는 모든 사람을 다 자신보다 나은 사람으로 여기고 있는 것 같았다. 이것은 임피리얼에게 충격적인, 매우 깊은 감명을 주었다. 그녀는 아무리 노력을 해도, 결코 진정으로 자기 자신이 어떤 누구보다 못하다고 생각해 본 적이 없었기 때문이다.

수녀는 '겸손을 훈련하는 것'의 의미 설명을 마치면서 덧붙였다.

"이제 이해하겠니, 파르바?"

"아, 네. 하지만…."

그녀는 이의를 억제하려는 듯 잠시 말을 멈추었다. 그러고는 다만 미소만 지었을 뿐 아무 말도 하지 않았다. 임피리얼은 소녀가 무슨 말을 하려다 말았는지 알고 싶은 호기심이 일었다. 그래서 그녀는 소녀를 재촉했다.

"얘기해 봐, 파르바, 넌 겸손해지는 데 아무런 어려움이 없니?"

소녀는 이 이상한 질문에 쾌활하게 웃었다. 그녀는 눈빛을 반짝이며 대답했다.

"글쎄요, 저도 잠시 동안은 어려웠었다고 말하지 않을 수 없어요. 그렇지만 그런 다음에 그 이유를 알게 되었고, 그래서 저의 행동 방식을 바꾸었지요. 그때부터는, 겸손함에서 진보했는지 어떤지는 모르겠지만, 그 문제는 더 이상 제게 큰 문제가 되는 것 같지 않아요."

임피리얼은 이 말에 흥미를 느꼈다. 그녀는 얼마나 간절히 이 단순한 거리 미화원 소녀의 비밀을 알고 싶어했던가! 그녀는 재촉했다.

"자, 파르바야, 네 체험을 내게 좀 들려 주려무나!"

소녀는 수녀와 인터뷰한다는 기대로 재미있어하며 다시 기쁘게 웃었다. 단지 거리 미화원에 지나지 않는 자신이 어떻게 원숙한 관상 수녀에게 무엇인가를 가르칠 수 있단 말인가? 그렇지만 임피리얼의 요청이 진지하고 간절하다는 것을 느끼고는, 마음 속의 저항을 접어 두고 아주 단순하게 말하기 시작했다.

"그래요, 수녀님. 신부님이 우리가 천국에 들어가기 위해서는 어린이처럼 자신을 낮추어야 한다는 복음 말씀을 봉독하시는 걸 들었을 때, 저는 제 자신을 경멸하기 시작했고, 온통 저 자신을 작은 사람이 되게 하려는 생각뿐이었죠. 그렇지만 그것은 잘 되어 가는 것 같지가 않더군요. 저는 곧, 저의 모든 의지와 의도가 선하고 좋은 것이었는데도 여전히 제 자신에게 온 정신을 쏟고 있다는 걸 알게 되었어요. 물론 항상, 제 죄에 대해 자신을 비난하고 제가 얼마나 약한 존재인가를 깨달으려는 목적에서 그랬던 거지요. 하지만 그렇게 하는 게 저를 변화시키진 못했어요. 수녀님도 아시겠지만, 그것은 아주 악한 주인공이 연극을 하고 있는 것과 같았어요. 저는 바로 제 연극의 악한 주인공이었지요. 그렇지만 전 아직도 여전히 그 무대 중앙에 있답니다."

파르바는 고지식했던 자신을 생각하고 미소지었다. 그녀는 얘기에 열중해서 빗자루를 손에 잡은 채 자신의 할 일을 잊고 있었다. 그녀는 자기 사고방식을 변하게 했던 그 통찰을 얼마나 명확하게 잘 기억해 냈는가! 그녀는 자신에 관해서만 너무 많이 말한 듯한 무례함에 대해 미안해하는 미소를 지으며 수녀를 흘긋 보고는 다시 얘기를 계속했다.

"그런데 저는 마침내 제 자신을 경멸하는 것은 소용이 없다는 걸 알았어요. 그래서 그 대신 제 주위 사람들을 존경하기 시작했지요. 사실 수녀님, 어떤 사람을 존경과 사랑으로 바라볼 때마다 저는 그 사람이 저보다 더 나은 사람이라는 걸 느낀답니다. 그래서 지금은 제 자신이 하찮은 존재라는 걸 느끼는 데 더 이상 별 어려움이 없어요."

그녀는 자신의 발견이 하잘것 없는 것이라고 말하기라도 하는 것처럼 어깨를 우습게 으쓱하면서 말을 맺었다.

"그것은 모두 수녀님이 보시는 관점의 문제라고 생각해요, 수녀님."

임피리얼 수녀는 더 이상 아무 말도 하지 않았다. 그녀는 마음 속으로 소녀 말이 맞다고 느끼고 있었다. 더 나아가 이제 그녀는 파르바의 행동 방식이 사람들에게 어떤 영향을 주는가를 똑똑히 알 수 있었다. 정말로 여기에, 그의 모든 꾸밈없는 태도가 자연스러움, 자만하지 않음, 완전한 단순함을 나타내 주는 한 사람이 있었기 때문이다. 마음 속에서 울려 오던 그 목소리가 말한 것처럼 진정 겸허한 영혼이.

수녀는 거리 미화원 소녀가 뜻하지 않게 그녀에게 가르쳐 준 것에 대해 무한한 감사를 느꼈다. 억제할 수 없는 애정의 충동적인 반응으로 그녀는 길 모퉁이 바로 그 자리에서 소녀를 꽉 껴안았다. 그녀는 눈물을 글썽이며 말했다.

"정말 고마워, 파르바. 네가 방금 나와 함께 나누었던 걸 난 잊지 않고 마음 속 깊이 기억할 거야."

그러고는 그녀는 수녀원으로 돌아왔다. 그녀는 그 후 또다시 그 거리 미화원 소녀를 만나지는 않았다. 그렇지만 그 소녀의 말은 그녀에게 아무 소용이 없는 게 아니었다. 그때부터 그녀는 자신을 경멸하는 일을 그만두고 동료 수녀들을 존경과 사랑의 마음으로 바라보기 시작했다. 그리하여 마침내 알지 못하는 사이에 그녀의 자만심은 영원히 스르르 자취를 감추었다.

13
한 순간의 꿈

"원수를 사랑하고
너희를 박해하는 사람들을 위하여 기도하여라."

마태 5, 44

한 순간의 꿈

제퍼슨 베이츠 대통령은 이제 막 21세기 미국의 초대 대통령으로 선출되었다. 그러나 정말로 아주 아슬아슬한 득표 차로 당선되었다! 물론, 그가 흑인이라는 사실이 유세기간 내내 그에게 불리한 요인으로 작용했다. 하지만 그의 승리가 결정된 바로 그 마지막 순간까지 그렇게도 많은 문제를 일으키며 애를 먹인 것은 평화운동이라는 것이었다. 지난 수십 년간, 점점 더 많은 시민 집단들이 일방적인 무장해제를 요구해 왔고, 비폭력의 역학, 즉 적을 해치지 않는다는 원칙, 있는 그대로의 진실의 힘, 만인에 대한 보편적 인류애, 옳은 일을 위해 기꺼이 고통을 달게 받는 것 등에 관해 사람들에게 철저한 교육을 실시해 왔다. 이 집단들은 최근의 선거유세에서 그들 모두를 대표하는 공동 단일후보를 내세우는 데 성공했다.

그리고 그 후보는 그를 지지하는 투표자들에 의해 베이츠와 거의 비슷한 수의 표를 얻었다. 이것은 백악관에서 새 대통령의 위치가 극도로 불안정하다는 것을 의미했다.

  대통령으로 선출된 몇 주일 후 어느 날 밤, 베이츠 대통령은 꿈을 꾸었다. 그가 천국, 아니면 적어도 그에게는 천국처럼 보이는 곳으로 들어올려지는 꿈이었다. 그는 자신이 말할 수 없이 아름다운 신록의 초원에 있는 것을 발견했다. 초원에는 모두 기쁨에 넘쳐 있고 몸에서 빛이 나는 사람들이 가득했다. 초원 한가운데는 키가 큰 관목이 있었다. 그 나무에서는 그의 존재의 심층까지 꿰뚫어 버릴 것 같은 눈부시게 찬란한 빛이 발산되고 있었다. 그는 그 관목으로 다가갔다. 그러자 그에게 "무장을 해제하라!"고 하는 한 마디 말이 들려 왔다. 이 말은 초원의 쥐죽은 듯이 조용한 침묵 가운데서 속삭이듯 들려 왔을 뿐이지만 그의 영혼을 꿰뚫어 그 자리에 못박힌 듯 꼼짝 못하게 했다. 그는 이 한 마디 말이 그 장중함과 저항할 수 없는 압도적인 위엄으로 뼛속까지 사무치게 스며드는 것을 느꼈다. 그 체험이 너무나도 강렬한 나머지 그는 온몸이 땀에 흠뻑 젖어 바로 깨어났다.

  이 꿈은 베이츠 대통령의 마음의 평화를 깨뜨려 버렸다. 아무리 노력을 해도 그는 그 꿈에서 벗어날 수가 없었다. 시시각각으로 그 한 마디 말은 마치 여름 하늘 멀리서 천둥이 울려오듯 그의 마음 속에서 "무장을 해제하라!" 하고 끊임없이 울려 퍼졌다. 이 메아리는 그의 직무상 필요한 모든 회의, 공식 회합과 공공행사에 참석했을 때도 내내 그를 따라다녔다. 그러나 훨씬 더 견딜 수 없는 것은, 매일 밤마다 "무장을 해제하라!"는 명령이 저항할 수 없게 더욱 강한 힘으로 다가오면서 그 꿈이 되풀이되는 일이었다. 곧 대통령은 신경질, 초조, 건망증과 같은 긴장 증후군을 보이기 시작했다. 그는 더 이상 거의 아무것도 먹지 못하고, 금방 놀랄 만큼 급속히 체중이 줄었다. "무장을 해제하라! 무장을 해제하라!"하고 그 목소리는 계속 그의 내면에서 울려 나왔다. '그렇지만 나의 모든 선거 공약이 강하고 완전 방위력을 갖춘 미국을 내건 것이었을진대 어떻게 무장을 해제할 수 있겠는가?' 하고 그는 계속 자문하곤 했다. 어떻게 그가 그렇게 중대한 약속을 어길 수 있겠는가? 도대체 그의 수백만 지지자들이 어떻게 그런 역전된 상황을 받아들일 수 있겠는가? "무장을 해제하라!"고 하는, 꿈 속에서의 위압적인 목소리에 저항하려고 애쓰면서 그는 그런 생각들을 했다.

마침내 신경쇠약이 되기 직전에 그는 모든 그의 고문들을 불러들였고, 미국을 일방적인 무장해제에 부치려는 그의 철회할 수 없는 최종 결정을 공표했다. 이 소식에 대혼란이 일어난 것은 물론이었다. 그리고 그 다음에 일어난 일들은 말할 필요도 없었다. 즉 사건들의 이 기이한 변전에 대해 국가가 어떻게 평가되었는지, 또 의회가 비폭력의 명분을 어떻게 점차 납득하게 되었는지, 또 평화운동을 하는 집단들이 국민들을 교육시키기 위해 어떻게 더 한층 노력했는지, 등 이런 모든 것은 그 시대의 연대기에 다 기록되어 있는 사실이다. 그래서 마침내는 모든 것이 끝났다. '무슨 일이 일어날지라도' (베이츠 대통령이 그의 비난자들에게 단호하게 말하곤 했듯이) 일방적으로 무장해제를 하겠다는 안건은 상원과 하원 모두에서 가결되었고, 모든 핵무기가 영구히 철폐되었다. 모든 시행과정은 하느님의 섭리에 대한 단순한 믿음의 행위로서 수행되었다.

마지막 핵탄두가 처분되던 날, 러시아 사람들이 미국 땅에 상륙했다. 베이츠 대통령이 그 꿈을 꾸기 이전에는 미국인들도 항상 그렇게 믿어 왔던 것처럼, 러시아는 핵무기 보유량이 곧 힘이라고 믿고 감히 뻔뻔스럽게 정복자로 쳐들어온 것이다.

 물론 러시아인들은 전투기, 군함과 탱크를 몰고 침입해 왔다. 그러나 그것은 기묘한 침입이 되고 말았다. 왜냐하면 그들에게 대항해 싸우는 사람이 아무도 없었기 때문이다. 미국인들은 지난 수개월 동안 비폭력의 원칙을 철저히 교육받아 왔으므로, 그들이 어떻게 대처해야 하는지를 정확히 알고 있었던 것이다. 두려움에도 불구하고 그들은 아주 침착하게 대응했다. 그들은 위협을 하거나 적대적인 태도를 보임으로써 적을 놀라게 하지 않도록 최선을 다했다. 그들은 만나는 모든 러시아 군인들에게 미소지으며 친절한 태도로 이야기했다. 그들은 그 군인들에게 음식과 음료를 제공해 주었으며, 심지어는 그들을 집에 초대하기까지 했다. 하지만 그러면서도 그들은 이 침략자들에게 그들 자신의 나라로 되돌아가야 한다는 것을 분명히 했다. 그들은 러시아인들의 명령을 정중하게, 인내심을 갖고 듣긴 했지만, 결코 러시아인들에게 협력하지는 않을 것임을 거듭해서 말했다. 그들은 그 군인들을 형제로서 사랑할 수는 있었지만 그들에게 노예로서 복종하지는 않았던 것이다.

 예상할 수 있듯이, 러시아인들은 이러한 반응으로 완전히 기습을 당한 것이었다. 그들은 이와 같은 반응은 전혀 예기치 못했었다. 그래서 처음에 그들은 그것이 모두 교묘히 계획된 속임수이며, 어떤 은밀한 반란이 비밀리에 진행되고 있다고 생각하고 그들을 앞질러 역습할 준비를 하고 있었다. 그러나 결국 그들은 그와 같은 대변동의 음모는 꾸미고 있지 않다는 사실을 받아들여야만 했다. 그러자 그들은 의심하는 경계심을 늦추었다. 그들은 모든 생산품의 일 퍼센트를 러시아로 송출하기 위해, 그들 마음대로 산업, 무역과 경영을 지정해 주는 것과 같은 온갖 방법으로 국민들에게서 물자들을 징발하기 시작했다. 그렇지만 놀랍게도 그들은 거의 모든 곳에서 그들의 명령 이행을 조용히 거부하는 모습을 보게 되었다. 사람들은 마치 러시아인들이 그곳에 없는 것처럼 전혀 개의치 않고 묵묵히 그들의 삶을 이전과 똑같이 계속해 나갔다. 사실, 얼마 동안 수백만의 국민들은 단지 그 침략자들을 무시하기만 했을 뿐이었다. 국민들은 초대받지 않은 손님들이 나타났을 때 그저 예의를 차리느라 지시에 따르듯, 그 이상의 아무 일도 아닌 것처럼, 어떠한 도전 행동도 하지 않고 그렇게 했다.

그 다음으로 러시아인들이 취한 조처는 위협이었다. 이것이 비효과적임이 판명되자, 그들은 유명인사들을 계획적으로 잡아들여 수천 명이나 되는 사람들을 강제노동 수용소에 가두었고 (수용된 사람들은 그 벌이 어떤 것이든 노역을 거절했음), 마침내는 가장 눈에 띄게 비폭력을 지지하는 사람들을 조직적으로 공개처형했다.

그러나 이런 모든 조처는 실제적으로 아무런 효과가 없었다. 일반 국민들은 계속 비폭력으로 대응했다. 그들은 철야기도, 행진, 집회 들을 가졌으며 납세를 거부하고 공동으로 저항했으며, 생산 시설들과 기업체들을 폐쇄했다. 그들은 또한 러시아 병영을 집단으로 점거했고, 러시아인들이 점령한 건물들 안에서 연좌 데모를 벌였으며, 도로와 선로를 조직적으로 차단했다. 그러는 내내 곳곳의 포스터와 전단에는 다음과 같이 똑같은 메시지가 반복해서 씌어 있었다.

"러시아인들은 본국으로 돌아가라!"

이러한 것은 4년간 계속되었다. 4년 동안 50만 미국인들이 죽었으며, 수백만의 사람들이 투옥이나 여러 형태의 괴롭힘으로 더 많은 고통을 받았다. 그렇지만 4년이 다 되어 갈 무렵, 러시아인들은 그들이 어떤 형태의 폭력을 행사하든 국민들의 사기에 전혀 아무런 실질적인 영향을 미칠 수 없다는 것을 알게 되었다. 실제로 타격을 받은 것은 오히려 그들 자신의 사기였다. 그리하여 보병 사단이 잇따라 러시아로 돌아가야 했다. 군인들이, 그들을 해치려는 마음이 없는 게 분명한 국민들을 강압하는 것을 점점 더 부끄럽게 여기게 되었기 때문이다.

이와 반대로, 러시아인들이 이러한 모든 일을 수행하느라 치른 값비싼 대가는 그들의 계획을 확실히 보장해 줄 수 있는 보상을 실질적으로 아무것도 받지 못했다. 공장들은 러시아로 수출이 될 수 있는 것은 그것이 무엇이든 생산하기를 거절했고, 설령 생산했다 하더라도(극소수의 제조업자들이 탐욕에 눈이 어두워 러시아인들의 회유에 넘어가 그들에게 협조했다.) 선박업체들이 물품의 운송을 거절했다. 이러한 모든 일로 하여 러시아인들은 끊임없이 낭패감을 맛보아야 했다. 그래서 그들의 침략은 아무 짝에도 쓸모없는 일을 힘들여 연습하고 있는 것이란 사실이 점점 더 명백해져 갔다. 그렇게도 엄청나게 많은 돈을 핵무장에 쏟아 부어 미국 땅을 점령하고는 있었지만 미국인들을 그들 마음대로 복종시킬 수는 없었던 것이다.

마침내, 그렇게 귀결지어질 수밖에 없는 일이 일어났다. 어느 날 러시아 정부는 군대에게 철수명령을 내렸던 것이다. 무력으로 미국을 정복한다는 것은 아무 소용 없는 일임이 판명되었기 때문이다. 미국인들은 처음부터 끝까지 어떤 압력에도 굴하지 않고 비폭력적인 자세를 견지해, 말을 듣지 않고 다루기 힘든 국민으로 인식되었던 것이다. 그리하여 러시아인들은 즉시, 말을 듣지 않는 미국은 무익한 미국이라고 결론지은 것이었다.

러시아인들의 패배는 세계 정치에 막대한 영향을 미쳤다. 여러 국가가 잇따라, 군사력을 동원해 이웃 국가들을 지배하려던 계획을 포기하기로 결정했다. 비폭력이 러시아의 온갖 무력에 맞서 승리했을 정도로 큰 힘을 지니고 있음이 만천하에 드러났는데 어느 국가가 거기에 저항할 수 있겠는가? 이것은 핵무기가—그리고 그 문제에서는 다른 모든 종류의 무기들까지도—하룻밤 사이에 폐물이 되어 버렸다는 것을 의미했다.

마지막으로 남아 있던 러시아인들이 떠나가던 날 밤, 베이츠 대통령은 또 다른 꿈을 꾸었다. 이 꿈은 다음과 같은 한 가지 사실만 제외하곤 모든 것이 이전의 꿈을 반복해서 꾸는 것 같았다. "무장을 해제하라!"는 말 대신에 그는 "함께 나누어라!"는 말을 들었다. 잠에서 깨어났을 때 이번에는 그는 하느님의 명령을 따르는 데 조금도 주저하지 않았다. 여전히 침대에 누운 채 그는 즉시 침대 곁에 놓여 있는 빨간색 전화 수화기를 들고 러시아 대통령을 불러 냈다. 상대방이 전화를 받자 그는 말했다.

"이반 페도로비치 바실로프, 이제 당신은 우리가 적이 아니란 걸 깨달으셨을 테고, 우리가 친구가 될 수 있다는 것을 아시게 될 거요."

두세 마디 상대방의 당혹스런 목소리가 수화기를 통해 들려왔다. 러시아 대통령은 그의 무모한 미국 침공이 비참하게 실패했다는 것을 민감하게 의식하고 있음이 분명했다. 어쨌든 이 계제에 베이츠 대통령은 미국의 우세를 강조할 생각은 없었다. 그는 쾌활한 목소리로 계속해서 말했다.

"자, 들어 보시오, 대통령 동지. 우리 친구로서 경쟁해 보는 게 어떻겠소? 우리 두 나라 중 어느 나라가 다음 오 년 동안

제 삼세계 국가들의 개발원조에 최선을 다하는지 봅시다. 내 도전을 받아들이겠소?"

상대방은 미국 대통령의 불시의 기습에 너무나 놀라 잠시 아무 말도 못하고 가만히 있었다. 곧 이어 베이츠 대통령은 유쾌하게 껄껄 웃는 소리를 들을 수 있었다.

러시아 대통령은 말했다.

"참으로 좋은 생각이오, 대통령. 러시아는 당신의 도전을 기꺼이 받아들이겠소이다. 우린 오 년 동안 서로 의견을 교환할 수 있을 거요."

그는 목소리를 낮춰 소곤소곤 덧붙였다.

"그리고 당신은, 우리 러시아인들이 전쟁을 거는 데는 재간이 없다 하더라도, 화해하는 데는 어느 누구와도 잘 어울린다는 것을 알게 될 것이오."

역사상 가장 이색적인 5개년 계획이 태어나는 순간이었다.

베이츠 대통령은 만면에 웃음을 띠며 수화기를 놓았다. 방향을 바꿔 돌아눕자마자 곧 그는 잠이 들었다. 이날 밤 그는 아이처럼 마음놓고 단잠을 잘 수 있었다.

14
가장 큰 선물

"야훼께서 베푸신 그 크신 은혜,
내가 무엇으로 보답할까!"

시편 116, 12

가장 큰 선물

　가스팔, 멜키올과 발타살은 어리벙벙했다. 약 30여 년 전에 그들은 동방에서부터 베들레헴까지 먼 길을 걸어가 아기예수께 경배를 드렸었다. 그러나 그때는 당황스럽지는 않았다. 신비스러웠고 정말로 모든 것이 불가사의했다. 그러나 당혹할 만한 일은 아니었다. 그 후 그들은 각자 자기 나라로 돌아와, 할 수 있는 한 최선을 다해 그들의 작은 나라를 다스리는 데 전념해 왔다. 여러 해가 지나 그들은 그 아기가 자라서 위대한 예언자가 되었다는 소문을 들었다. 그 다음에는, 그가 그의 백성들에게 배척받고 로마인들에 의해 십자가에 못박혀 죽으시고 마침내는 죽은 이들 가운데서 부활하셨다는 것을 들었다. 이러한 모든 일은 보통 일이 아닌, 아주 특별하고도 정말로 놀라운 것이지만, 그 역시 당혹스런 것은 아니었다.
　그들을 당황하게 만든 것은 이들 각자가 최근에 꾼 꿈이었다. 꿈 속에서 매일 밤 똑같은 목소리가 그들의 마음 속에다 속삭였다.

"일어나라, 충성스런 자여, 네 왕국을 떠나 동방 사막을 향해 가거라. 그리고 4월(Tammuz : 유다력에 따른 것. 태양력으로는 6-7월 : 역주) 3일에 이시타바르의 오아시스에서 나를 만나라."

이상한 일이지만 한 번도 가스팔, 멜키올과 발타살은 누가 그렇게 그들에게 말을 걸고 있는지를 물어 볼 필요를 느끼지 않았다. 그들은 오직 왕 중 왕께서만이 그처럼 절대적인 위엄을 지니고 당당하게 말씀하실 수 있다는 사실을 잘 알고 있었기 때문이다. 그래서 여전히 어리둥절한 채로 그들은 그 말씀에 따랐다.

4월 3일에 동방 박사 세 사람은 다시 한 번 함께 만났다. 그렇지만 이번에는 별이 아니라 꿈 속에서 들었던 그 목소리가 그들을 인도했다. 오아시스 한가운데에는 아주 멋지게 꾸며진 하얀 텐트가 있었다. 그들은 경외심을 지니고 그 안으로 들어갔다. 금방석 세 개가 반원형으로 놓여 있는 것을 제외하고는 안은 텅 비어 있었다. 그들은 방석에 앉아 경의를 표하는 마음으로 침묵 가운데 기다렸다. 갑자기 하늘로부터 찬란한 한 줄기 빛이 텐트 안을 가득히 비추더니, 키가 큰 사람이 눈부신 광휘에 둘러싸여 그들 앞에 나타났다. 그 사람은 세 사람에게 미소지으며 말했다.

"잘 왔다. 나의 충실한 제자들아. 나는 수년 전 너희가 내 구유에 바쳤던 훌륭한 선물들에 대해 감사한다. 너희가 들은 대로 나는 죽었다가 죽은 이들 가운데서 부활하여 이렇게 살아 있다."

세 노인은 서로 쳐다보았다. 아, 그 소문들은 역시 사실이었

산들 바람

던 것이다! 그래서 그들의 가슴은 기쁨으로 타올랐다. 예수님은 계속해서 말씀하셨다.

"그리고 이제 나는 너희가 특별한 방식으로 내 제자가 되었으면 한다. 너희는 오래 전에 내게 선물을 가져옴으로써 나를 섬기기 시작했으니, 이번에도 내게 다시 한 번 선물을 가져와 너희가 내 사랑 안에서 성장하기를 바란다."

예수님은 세 사람의 동의를 기다리시는 듯 잠깐 말을 멈추셨다. 그들은 그 멈춤의 의미를 알고 동의의 표시로 머리를 숙여 경의를 표했다. 예수님은 미소를 머금고 계속해서 말씀하셨다.

"내년 지금과 똑같은 시각에, 또한 그 다음해 이 년 동안에도 마찬가지로 내가 너희에게 요청하는 것을 가져와다오. 그러면 너희 중 누가 가장 내 마음에 드는 선물을 가져왔는지 알게 될 것이다."

언제나 행동파인 가스팔이 강한 욕망으로 들떠서 말을 가로막았다.

"그런데 그 선물들 중에서 첫번째로 가져와야 할 선물은 무엇입니까, 나의 주님?"

예수께서는 그들을 다정스럽게 바라보시며 말씀하셨다.

"내년 이맘때에 내게 칼루타(Kaluta)를 가져와다오."

그러고는 그분은 사라지셨다.

세 왕은 지혜가 많은 사람들이었지만 아무도 칼루타가 무엇인지 몰랐다. 그렇지만 가스팔과 멜키올은 땅바닥에까지 닿도록 머리를 조아리고는 중얼거렸다.

"주님이 말씀하셨으니 두말 말고 그대로 따라야지."

그러고는 두 사람은 즉시 일어나서, 그것이 무엇이든지 간에 어떻게든 칼루타를 찾기 위해 각자의 나라로 돌아갔다. 발타살은 아무 말도 하지 않고 자기 나라로 돌아와 침착하게 그의 매일의 일과를 계속 수행해 나갔다.

 그 다음 일 년 동안을 가스팔과 멜키올은 온갖 수단을 다 동원해 '칼루타'란 단어가 뜻하는 바를 알아 내려고 애썼다. 아무도 그 말을 한 번도 들어 본 적이 없었기 때문에 더욱이 그 자체를 우연히 발견한다는 것은 생각할 수도 없는 일이었다. 마침내 절망에 빠져 그들은 불만족스럽긴 하지만, '칼루타'란 단어와 간접적으로 관계가 있는 듯 보이는 대상을 받아들임으로써 만족해야 했다. 가스팔은 '칼로티(Kaloti)'라 부르는 고대의 악기로 만족했고, 멜키올은 '칼리투(Kalitu)'라 부르는 희귀한 건포도로 만족했다. 각자는 예수님이 '칼로티'나 '칼리투'를 '칼루타'로 잘못 말씀하셨을 거라고 추측했다. 그러나 그 두 사람이 칼루타를 찾아 사방팔방으로 정신 없이 쫓아다니는 동안에도 발타살은 다른 세상사에는 관심이 없는 듯 자기 일에 힘썼다.

 세월이 흘러 세 사람은 다시 이시타바르의 오아시스로 돌아왔다. 가스팔과 멜키올은 전문가가 칼루타일 것이라고 조언해 준 '칼로티'와 '칼리투'를 가져왔다. 발타살은 빈손이었다. 이번에도 하얀 텐트가 그들을 기다리고 있었으며, 그들이 들어가 금방석 위에 앉자 예수님이 말할 수 없이 위엄 있는 모습으로 다시 나타나셨다. 그분이 물으셨다.

 "자, 내게 칼루타를 가져왔느냐?"

 가스팔은 악기를, 멜키올은 희귀한 건포도를 바쳤다. 예수님은 단지 고개만 끄덕이시고는 발타살을 향해 물으셨다.

 "너는 어떻게 되었느냐, 발타살?"

 발타살은 예수님을 올려다보며 "주님, 칼루타가 무엇인가요?" 하고 묻기만 했다. 이 질문에 예수님은 다정하게 미소를 띠셨다. 그분은 다른 두 사람에게 말씀하셨다.

"아, 발타살이 나를 가장 기쁘게 해주는 선물을 가져왔다. 그는 내게 신뢰를 가져왔다."

가스팔과 멜키올은 이해를 하지 못해 눈이 휘둥그래졌다. 예수님은 힘주어 말씀하셨다.

"그래, 발타살은 마치 내가 변덕스러운 일시적인 주인인 것처럼 맹목적으로 나를 섬기려 하지 않았다. 그는 나를 친구로 대해 주었다. 설명을 요청함으로써 그는, 자신에게 필요한 어떤 것을 내가 때가 오면 보충 설명해 주리라는 사실을 믿고 있다는 걸 보여 준 거야."

두 사람은 예수님이 자신을 친구로 대해 주기를 바라시리라고는 꿈에도 생각지 못했기 때문에 다소 놀랐다. 사실, 그들이 무엇이라고 거북하신 하느님께 감히 설명을 요청할 수 있겠는가? 그러나 그들 앞에는 더욱더 놀라운 미래가 기다리고 있을 것이었으니….

예수님은 다시 한 번 세 사람 모두에게 말씀하셨다.

"내년 이 시각에 다시 와서, 옛날에 너희가 나를 경배하기 위해 베들레헴에 왔던 그 이후로 너희가 이룬 가장 큰 업적이 무엇인지를 나에게 말해다오."

그러고는 그분은 다시 돌연 사라지셨다.

그 다음 몇 달 동안을 가스팔과 멜키올은 그들의 지난 업적들을 면밀히 평가하며 보냈다. 오랫동안 통치해 오면서 그들이 행했던 모든 위업 가운데 한 가지만을, 어떤 것으로 그들의 주님께 제시해 드려야 할지 결정하기란 쉽지 않았다. 발타살은 평소와 똑같이 자신의 일을 묵묵히 열심히 해나갔다. 그의 생활에서 유일하게 달라진 것이라곤 이전의 그보다 훨씬 더 인내심이 많아지고 이해심이 깊어진 것 같아 보인다는 점뿐이었다.
　예정되어 있는 예수님과의 만남을 위해 동방 박사 세 사람은 모두 약속한 시각에 이시타바르의 오아시스에 나타났다. 예수님이 그들의 가장 큰 업적을 말해 달라고 하시자, 가스팔이 제일 먼저 나서서 큰 소리로 말하기 시작했다.
　"그 문제에 대해 오랫동안 진지하게 생각에 생각을 거듭해 본 결과, 제가 통치하면서 이루어 낸 가장 훌륭한 업적은 학문과 예술을 모든 측면에서 장려해 온 것이라고 할 수 있습니다."
　예수님은 시인한다는 뜻으로 머리를 끄덕이셨다.
　그 다음에는 멜키올이 말했다.
　"저의 가장 큰 업적은 우리 백성들을 영원히 가뭄의 공포로부터 보호해 줄 복합 관개시설을 전 국토에 설치한 것입니다."
　예수님은 다시 동의의 표시로 머리를 끄덕이시고는 발타살에게 물으셨다.
　"그리고 넌 어떠냐, 발타살?"
　발타살은 잠시 동안 말없이 가만히 있었다. 별로 마음내켜하지 않음이 분명했다. 마침내 그는 한숨을 쉬며 대답했다.
　"주님, 불행히도 저는 제가 아직 어린 나이였을 때 왕으로서 달성하기로 계획을 세웠던 일들을 그렇게 잘 하지는 못했습니다. 그러나 제 노력의 결과처럼 보잘것 없는 것이긴 하지만, 다음과 같은 사실이 주님 앞에서 감히 말씀드리고자 하는 저의 유일한 성과라고 할 수 있습니다. 그것은 다름이 아니오라, 세월이 흐르면서 제가 만나는 모든 이에 대해 좀더 부드럽게 대하게 되었다는 것입니다. 그것이 대단한 일이 못 된다는 사실은 알고 있습니다. 하지만 다른 일을 할 때보다 더 많은 고통을 겪어야 했습니다."

이번에는 예수님은 동의의 표시로 고개를 끄덕이셨을 뿐 아니라 이렇게 말씀하시기까지 했다.

"이번에도 발타살아, 네가 나를 가장 기쁘게 해주었구나."

그러고는 그분은 세 사람에게 말씀하셨다.

"나의 충실한 제자들아, 이것이 나의 마지막 요청이다. 다시 한 번 내년 이맘때 바로 이 장소에, 내가 가장 마음에 들어 할 것이라고 믿는 제물을 내게 가져오너라."

그러고는 또다시 사라지셨다.

늘 그랬듯이 가스팔과 멜키올은 그 다음 한 해 동안 미친 듯이 필사적으로 사방팔방 뛰어다니면서 이런저런 궁리와 추측을 하고 조사를 하며 보냈으며, 반면 발타살은 전혀 걱정이 없는 사람처럼 평상시와 마찬가지로 자신의 일을 열심히 해나갔다.

일 년이 흘러 세 사람은 다시 오아시스에서 만났다. 그들은 흰 텐트 안으로 들어가 금방석 위에 앉았다. 결국에는 가스팔은 그의 선물로 그 가치를 어림할 수도 없는, 비할 데 없이 아름다운 진주를 선택했으며, 반면 멜키올은 학자로서의 그의 삶의 과업인, 그 자신이 천체를 관측해 기술한 완벽한 기록을 포함한 두루마리 양피지 문서를 선물하기로 결정했다. 발타살은 이번에도 빈손으로 왔다. 세 사람은 모두 조용히 기다렸다. 이번에는 예수님은 나타나지 않으시고 갑자기 그분의 목소리만 들려 왔다.

그분은 이렇게 말씀하셨다.

"여기에 너희 제물을 놓고 가거라. 그리고 내일 새벽에 다시 와서 내가 그것들을 어떻게 했는지 보아라."

가스팔과 멜키올은 그들의 선물을 놔두고 일어서서 텐트에서 나왔다. 때는 밤이어서 가스팔과 멜키올은 그 흰 텐트에서 돌을 던지면 닿을 만큼 가까운 거리에서 모닥불을 피우고 있기로 했다. 거기서 그들은 밤새 머물며 동이 터오기를 기다렸다. 물론 그들은 발타살이 잠깐만이라도 그들과 함께 있기를 바랐다. 그렇지만 그들이 한 번도 눈을 떼지 않고 계속 텐트 입구를 지켜보고 있었음에도 그들은 발타살이 텐트 밖으로 나오는 것을 전혀 보지 못했다.

새벽이 되어 두 동방 박사가 다시 텐트에 들어갔을 때 텐트 안은 완전히 텅 비어 있었다. 진주도, 두루마리 양피지 문서도, 발타살도 눈에 띄지 않았다. 오직 금방석들만 여전히 그곳에 그대로 있을 뿐이었다. 주님을 기다리기 위해서 그들이 방석에 앉자마자 예수님이 찬란히 빛나는 모습으로 다시 나타나셨다. 이번에는 이전보다도 훨씬 더 위엄이 있으시고 경외심을 일으키게 하셨다. 그분은 두 손에 그들의 선물을 들고 계셨다. 그러나 진주는 전보다 천 배는 더 아름다워 보였고, 한편 양피지 문서의 글자 하나하나는 모두 금글자로 변해 있었다. 예수님이 설명을 해주셨다.

"이 선물들은 영원히 나의 왕국에 넘겨져서 그곳에서 나를 영원히 기쁘게 해줄 것이다."

그러시고 나자, 눈부신 빛을 내는 두 번째 인물이 예수님 옆에 나타났다. 그 사람은 다름 아닌 발타살이었다! 예수님이 덧붙여 말씀하셨다.

"여기 있는 너희 친구로 말할 것 같으면, 너희는 이제 그를 다시는 이 세상에서 보지 못할 것이다. 그도 역시 나의 왕국으로 넘겨졌기 때문이다. 그래서 너희는 지금 나의 영광 안에 함께 있는 그를 보게 된 것이다."

물론 가스팔과 멜키올은 친구의 행운에 대해 기뻐했다. 그들은 진정한 친구들이었으며, 더 나아가 시샘이나 질투와 같은 속좁고 쩨쩨한 감정에 사로잡히는 사람들이 결코 아니었기 때문이다. 하지만 그들은 어리둥절했다. 어떻게 해서 발타살은 그렇게 특별한 운명을 맞이하게 되었단 말인가?

그들의 마음 상태를 알아차리시고 예수님은 계속해서 말씀하셨다.

"발타살이 너희 둘과 함께 이 텐트에 왔을 때 그는 빈손이었다. 그렇지 않았느냐?"

그들은 동의의 뜻으로 머리를 끄덕였다. 예수님이 설명을 계속하셨다.

"그것은 나를 가장 기쁘게 해줄 것이라고 그가 생각했던 것, 즉 어떤 물건이 아니라 자기 자신을 내게 봉헌하려고 왔기 때문이었다."

그러고는 이 말씀과 함께 하느님과 발타살은 사라졌다.

가스팔과 멜키올은 각자 자신들의 나라로 돌아가면서 이 모든 일을 되새기고 있었다. 두 사람은 발타살이 진정 그들 가운데서 가장 큰 선물을 했다는 것을 인정해야 했다.

15
대소동

"나는 분명히 말한다.
너희가 생각을 바꾸어 어린이와 같이 되지 않으면
결코 하늘 나라에 들어가지 못할 것이다."

마태 18, 3

대소동

로먼은 열렬한 마르크스주의자로서 이 세상을 개선하는 데 철저히 부신했기 때문에, 있음직한 내세를 염두에 둘 필요성을 전혀 못 느꼈다. 그의 확고한 신념은, 죽음은 한 인간의 실존이 모든 의미에서 끝나 버림을 의미한다는 것이었다. 즉 죽음 후에는 절대적으로 아무것도 존재하지 않는다는 것이었다. 그래서 이제 중병으로 절망적인 상태가 되자, 그는 냉혹할 정도의 모진 마음으로 자신의 죽음을 맞을 준비를 했다. 다른 많은 마르크스주의자들처럼 그 또한 단호한 금욕주의자였으며, 물론 유머 감각이라곤 눈곱만큼도 없었다. 그래서 그는 꿋꿋한 얼굴로 죽음을 바라보려 애쓰면서 임종을 맞이할 준비를 하고 있었다. 만일 그가 어느 날 오후 그의 모든 것을 바꾸어 놓은 이상한 꿈을 꾸지 않았더라면, 모든 것은 이제까지와 같이 그대로 진행되어 가고, 그는 그 자신의 운명에 대해 철학적 견지에서 적당히 무관심한 채 그냥 그렇게 생을 마감했을 것이다.

그 꿈에서 로먼은 어찌된 연유인지 모르지만 연옥에 가 있었다. 물론 공교롭게도 그 꿈에서 그는 어떻게 자신이 연옥에 오게 되었는지도, 또한 어떻게, 의심의 여지도 없이 그가 있는 곳이 연옥이라는 사실을 알고 있는지조차도 모르고 있었다. 그는 그저 그곳이 연옥이라는 것만 알고 있을 뿐이었다. 그리고 그것으로 그만이었다.

연옥의 풍경은 아주 장려했다. 한쪽에는 푸른빛을 띤 산맥들이 연이어 있었고 다른 쪽에는 바다가 펼쳐져 있었는데, 하늘빛을 물들인 듯한 푸른색의, 수정과도 같이 투명한 망망대해였다. 그는 황금빛 모래 위에 몸을 굽히고 어떤 과업을 수행하느라 눈에 띄게 바쁜 한 남자를 향해 해안을 따라 걸어갔다. 로먼이 가까이 다가가서 보니 그 남자는 서투른 솜씨로 모래성을 쌓으려고 애를 쓰고 있었다. 설명할 수 없는 어떤 신비스런 직감으로 로먼은 자신이 다름 아닌 바로 카를 마르크스를 만나고 있는 것임을 단번에 알았다. 그의 가슴은 그의 평생의 우상을 만나고 있다는 생각에 점점 더 빨리 뛰기 시작했다. 그는 자기도 모르게 불쑥 말했다.

"주인님, 여기서 뭘 하고 계십니까?"

상대방 남자는 분명히, 자신이 방해받은 데 화가 나서, 그러나 말을 건 그 방식에 훨씬 더 화를 내며 로먼을 올려다보았다.

"주인님이라고? 흥! 의심할 바 없이 내 얼간이 제자들 중 또 다른 한 명이로구먼! 자네는 우리에겐 오직 한 분의 주님만이 계시고 그분은 하느님 나라에 계시다는 것도 모르나?"

로먼은 이 같은 감정 폭발에 놀라 더듬거리며 말했다.

"저는 에에, 저어…. 동지를 뜻했는데요."

마르크스는 얼굴을 찡그렸다.

"제기랄, 저 지독한 어리석음의 소치라니! 우리는 동지가 아니라 한 형제라고. 자넨 그것도 모르나? 우리 모두에게는 같은 아버지이신 우리의 창조주가 계시고, 똑같은 형제이신 예수 그리스도가 계시다는걸. 제발 '동지'란 잠꼬대 같은 소리는 집어치우라고."

로먼은 풀이 죽었다. 그는 아주 허황된 공상 속에서조차 어느 날 카를 마르크스가 자기에게 종교적 가르침을 주리라는 것은 결코 상상해 본 적이 없었다. 어쨌든 적어도 그는 이전의 스승이고 삶의 귀감으로 삼았던 마르크스가 왜 모래성 쌓기를 계속해 왔는지만은 알아봐야 할 것 같았다. 그는 겁먹은 태도로 간신히 물어 보았다.

작업을 계속하던 마르크스는 그를 올려다보며 으르렁거리듯 소리를 질렀다.

"왜 모래성을 쌓냐고? 왜냐하면 이 바보야, 나는 너무나 지나치게 따지고 심각했기 때문이야. 그것이 이유라고!"

그러고는 그는 과거의 대화를 정확히 기억해 내려고 애쓰는 듯 머뭇거렸다.

"저 말이야, 재판을 맡아 하는 그 천사가, 내가 그의 재판정에 나타났을 때 내게 뭐라고 말했는지 아나? 그는 이렇게 말했네. '여보게, 카를, 자네는 나쁜 사람은 아니네. 물론 자네는 일생 동안 터무니없는 생각들을 많이 저술하긴 했어. 하지만 그것이 자네가 비난받을 거리는 못 되네. 여하튼 자넨 기특한 말들을 했지. 게다가 많은 신학자들이 자네가 했던 거와 똑같이 터무니없는 생각들을 많이 저술해 왔고. 아니, 그것은 문제가 안 돼. 이봐, 카를, 문제는 자네가 자네의 지금의 성향으로는 천국에 들어갈 수 없다는 거야. 자넨 매사에 너무나 따지고 심각해. 다른 모든 열광자들처럼 자네는 변증법적이고 역사적인 유물론으로 세상을 구원하려고 했지. 그러나 여보게, 자넨 너무 늦었네. 세상은 이미 오래 전에 구원되었다네. 그러니까 세상을 변화시키려고 하는 심각함, 자네가 미덕이라고 잘못 생각하는 그런 종류의 엄격한 심각함과 지나치게 이것저것 따지는 것과 실리적인 일들과 모든 중요한 계획들은 이미 때가 지나 버린 것이지. 주님께서 단호하게 말씀하셨듯이, 자네가 어린이처럼 되지 않는다면 천국에 들어갈 수 없다네. 그러니까 친애하는 카를, 가서 앞뒤를 자로 재지 않는 태도를 배워 오게나.' 그런 다음 모래성을 쌓으라고 나를 여기로 보낸 거라네. 그는 내가 완전한 모래성을 쌓았을 때에야 비로소 천국에 들어갈 수 있다고 말했어."

로먼은 좀 어리둥절해져서 이의를 제기했다.

"그렇지만 그건 쉬운 일일 텐데요. 스승님은 백 년도 넘게 모래성 쌓는 연습을 해오신 거잖아요!"

마르크스는 너그럽게 웃었다.

"어리석은 생각이야! 나도 오랫동안 그렇게 생각했었지. 그래서 작은 탑과 해자(垓字, 도시나 성곽 둘레에 경계로 두르는 것 : 역주) 등이 있는, 기술적으로 복잡하고 솜씨 있게 꾸며진 그런 걸작품을 하나 만들려고 노력했지. 나는 거짓말 하나도 안 보태고 모래성을 족히 만 개는 쌓았을 거야. 그렇지만 천사는 한 번도 날 데리러 오지 않았어. 그런데 어느 날 문득 난 내가, 어른들이 원하곤 하는 것과 같이 완벽한 모래성, 즉 기술적으로 완벽한 모래성을 쌓으려고 헛되이 애쓰고 있다는 생각이 들었어. 또다시 난 나의 지나치게 심각한 성향에 빠져들고 있었던 거야. 마침내 나는, 내 성이 어린이의 눈에 완벽한 것이어야 한다는 생각에 이르렀어. 그러한 성이란 미완성이고 거친 것으로 누구든 마음대로 상상의 날개를 펼 수 있는 것이지. 내 말의 의미를 알겠나?"

로먼은 제대로 알아들은 건지 아닌지 알 수가 없었다. 어쨌든 그는 더 이상 그렇게 중요한 작업을 하고 있는 마르크스를 방해해서는 안 되겠다고 느꼈다. 그래서 그는 마르크스와 같이 능력 있는 사회혁명가가 그 능력을 이런 식으로 썩히고 있다는 생각에 다소 기가 꺾여 작별인사를 했다. 그는 자신에게 주의를 환기시켰다.

'오오, 아마 나 자신도 너무 심각해졌나 보다. 게다가 이 모든 것에는 현실과는 거리가 있는 어떤 형태의 시적(詩的)인 정의, 어떤 종류의 천상적 유머가 내재되어 있는 건지도 몰라. 예를 들면 마르크스가 공중에 누각을 쌓는 데 그의 평생을 보내야 한다고 심판을 받았다면, 그것은 얼마 동안 시간을 바쳐서 모래 위에 성을 쌓는 법을 배워야 하는 것이 그에게 필요하다고 생각되어서였겠지. 천사가 말한 모래 위의 성이란, 적어도 실제적이고 실체적인 성을 의미했을 거야.'

진지하게 곰곰이 이런 생각들을 하면서 로먼은 연옥의 해변을 따라 그의 여행을 계속했다. 좀더 나아가다가 그는 그의 과거의 우상 중 또 다른 한 사람인 철학자 루트비히 포이어바흐를 만났다. 그는 춤 연습을 하고 있었다. 로먼은 대화를 계속 나누는 가운데 그 춤 연습은, 전우주에 걸쳐서 하느님의 영원한 춤을 함께 추기를 바라는 사람은 누구나 꼭 필요한 유쾌한 기분을 느낄 줄 알도록 하기 위한 것임을 알게 되었다. 그 역시, 천사에게 주의받은 것처럼 하느님 나라의 축제에 참여하기에는 너무나 심각했던 것이다!

더 걷다 보니 이번엔 헤겔을 만나게 되었다. 이전의 이 철학자는 시를 쓰는 데 몰두해 있었다. 그는 방문자에게 친절하게 설명해 주었다.

"주제는 강제로 정해져 있는데 요정들과 저녁 노을에 관해서만 다루어야 한다네. 게다가 나는 두 음절 이상의 단어를 사용해서는 안 돼."

"왜 그런 특별한 과업이 부여되었는가."라고 질문을 받자 철학자는 건성으로 대답했다.

"지나치게 따지면서 존재를 인식하려고 했기 때문이야. 너무나 엄격한 게 문제라고 천사가 말했어."

그러고는 그는 시작(詩作)을 계속했다.

이 시점에서 로면은 꿈에서 깨어났다. 깜짝 놀라 주위를 둘러본 그는 자신의 방 침대에 누워 있음을 알았다. 때는 초저녁이었고 아내가 부엌에서 저녁 준비를 하는 소리를 들을 수 있었다. 연옥의 장려한 광경과 비교해 볼 때 그의 방은 어찌 그렇게 멋없고 생기 없어 보이는지! 그리고 자신이 유물주의적인 딱딱하고 어두운 현실세계로 돌아왔다는 생각으로 너무나 무력해지고 마음이 울적해졌다. 그는 생각했다.

'아, 큰일났구나. 도대체 우리는 이 세상을 어떻게 움직여 온 것인가?'

충동적으로 그는 그의 어린 아들을 불러 말했다.

"애야, 침대 바로 곁에 좀 앉으렴. 지금 너 기분이 좋으니? 그럼 됐다. 이제 내게 얘기를 하나 해주겠니?"

소년은 이야기를 하나도 알지 못했다! 하지만 아빠를 기쁘게 해주려는 열망으로 잠깐 양해를 구하고는 아빠의 책들 중에 한 권을 가지러 뛰어갔다. 아이는 저녁이 준비될 때까지 아빠에게 책을 읽어 드릴 생각이었다.

소년은 아빠가 가장 좋아하리라고 생각되는, 커다란 책들 중 하나를 갖고 되돌아와서 아무 데나 펴서는 단조로운 목소리로 읽기 시작했다.

"현실세계의 종교적 반영은, 일상생활의 실제적인 관계들이 인간과 인간 사이, 인간과 자연 사이에서 완전히 분명하고 합리적인 형태를 취하게 될 때에라야 비로소 소멸될 수 있다. 즉, 사회생활에서 인간 상호간의 관계와 인간의 자연에 대한 관계에 불분명하고 불합리한 관계가 남아 있는 한 종교는 존속한다. 사회적 생활 과정, 즉 물질적 생산 과정은 인간에 의해 생산의 형태를 취하게 될 때 비로소 그 신비의 베일이 벗겨신다…."

로먼은 지루해 한숨을 쉬었다. 그는 그것이 마르크스의 「자본론」 제1장의 내용임을 곧 알아차렸다. 그것은 그에게 기쁨을 주곤 했던 것이었다. 그러나 지금은…. 그는 말했다.

"내게 신경 쓰지 않아도 괜찮단다. 애야. 난 그것을 듣고 있기엔 너무나 피곤하단다."

그러고는 갑자기 대단한 생각이라도 떠오른 듯 덧붙였다.

"얘, 들어 봐라. 그 대신 내가 네게 이야기를 하나 해주면 어떻겠니?"

소년의 눈이 빛났다. 아이는 책을 내려놓고 의자에 깊숙이 앉아 아빠가 무슨 말을 하려나 호기심에 차서 열심히 들을 준비를 했다. 그는 이제까지 아이에게 이야기란 것을 한 번도 해준 적이 없었기 때문이다.

그는 누운 자리에서 더 편한 자세를 취하려고 몸을 뒤척였다. 충분히 편안한 자세가 되자 기억을 더듬어 갔다. 그는 그의 어린 시절 그의 할머니께서, 땅 속의 보물을 지키는 늙은 난쟁이 땅 신령과 요정들, 사람 잡아먹는 귀신과 공주들, 그리고 마법에 걸린 성과 용들의 경이로운 이야기로 그의 마음을 가득 채워 주시곤 했던, 더없이 행복했던 시절로 되돌아갔다. 그는 또한 막 잠이 들려고 하는 취침 시간에 할머니께서 읽어 주시곤 했던 어떤 이야기들도 기억했다. 그렇게도 경이로운 일들로 가득 차 있던 그 굉장한 책이 무엇이었더라? 아, 맞다, 그건 바로 성서였어! 이제 그 경이롭던 일들의 몇몇 이야기가 그의 기억에 되살아나고 있었다.

그는 말하기 시작했다.

"애야, 잘 들어 보려무나. 옛날 옛적에 하느님이 계셨는데 특별히 기분이 무척 좋으셨단다. 그때 성부, 성자와 성령은 더할 나위 없이 행복하셨단다. 정말 너무나 행복해서 그분들은 그들의 행복을 함께 나눌 사람이 아무도 없다는 게 유감스러우셨단다. 그래서 어느 날 성부께서 말씀하셨어. '우리 모습을 닮은 존재들을 무수히 창조하자.' 그러자 성자와 성령께서도 멋진 생각이라고 생각하셨단다. 그래서 삼위께서는 대대적으로―너도 알겠지만 칠 일에 걸친 창조 계획과 같은―이 새로운 계획에 착수하셨어. 그래서 첫째 날 그분들은 하늘과 땅, 밤과 낮을 창조하셨고…."

그의 아들은 무엇에 홀린 듯이 넋을 잃고 듣고 있었다. 지금 아빠가 해주시는 이야기가 '합리적인 관계'나 '생활 과정'에 관한 책의 내용보다 훨씬 더 재미있었던 것이다! 로먼은 창조에 대한 그의 이야기를 계속했다. 기억의 홍수가 어린 시절에서부터 되밀려오는 듯, 하나도 빠뜨리지 않고 그 자신의 개인적인 생각도 많이 섞어 얘기를 덧붙여 가면서까지 7일간의 이야기를 하루도 빼놓지 않고 상세히 해주었다. 그것은 긴 이야기였고, 얘기가 끝나 갈 무렵엔 그는 일시에 피로가 몰려옴을 느꼈다. 너무나 피곤해 그는 "그리고 하느님은 모든 일을 마치고 쉬셨어…."라는 말을 하면서 잠이 들어 버렸다.

로먼은 다시는 이 잠에서 깨어나지 않았다. 그러나 사람들이 다음 날 아침 죽음의 엄숙한 침묵에 싸여 있는 그를 발견했을 때, 그들은 여러 해 동안 그의 얼굴에서 보지 못했던 어떤 것을 보았다. 로먼이 조용히 웃고 있는 것을 보았던 것이다.

16
암 호

"하느님, 생명을 주시는 나의 하느님,
당신이 그리워 목이 탑니다."

시편 42, 2

암 호

이렌이 온 힘을 쏟아 열정적으로 성당 활동을 한 후 생을 마치고 죽었을 때, 그녀는 천국 문이 닫혀 있는 것을 보고 적잖이 놀랐다.

그녀는 생각했다.

'뭔가 착각한 게 틀림없어. 난 성당을 위해 열심히 일했으니 여기서 열렬한 환영을 받아야 하는 게 당연해. 지상에서는 마땅히 받아야 할 인정을 항상 받지는 못한단 말이야.'

이 마지막 생각은 가톨릭 여성 연맹의 합리적인 운영에 대해 그녀의 최대 라이벌인 루카스 부인과의 오랫동안 계속되어 온 싸움을 상기하며 한 것이었다.

'하지만 천국에서는 더 나은 대접을 기대해도 좋겠지.'

그녀는 주위를 둘러보았다. 그러나 사람 그림자도 찾아볼 수 없었다. 그녀는 혼잣말을 했다.

"아유, 짜증나! 나는 베드로 성인이 우리 본당의 대들보 중

한 사람에 대한 환영 파티를 열어 주는 걸 잊었다는 사실을 깨달을 때, 그에 맞는 사과를 할 거라고 기대하고 있는데!"
그녀는 기다렸다. 그러나 여전히 아무 일도 일어나지 않았다. 어쨌든, 사실이든 아니든 사도들의 왕자라는 저 베드로가, 그들이 마침내 직면하게 될 때는 그녀의 솔직한 마음을 다 알아 줄 것이다. 그 동안에 문을 두드려 보기라도 하는 게 더 나으리라. 그렇게 해서 일을 진전시켜야 한다!
이렌은 다가가서 문을 두드렸다. 곧 쩌렁쩌렁 울리는 한 목소리가 물었다.
"누구요?"
저 목소리! 이렌은 놀라서 생각했다.
'저 목소리의 주인공은 틀림없이 하느님일 거야.'
그러니 이제 그녀는 어떤 행동을 취해야만 했다! 그녀는 재빨리 대답했다.
"저예요, 주님. 저 이렌이에요."
묵묵 부답. 아무 일도 일어나지 않았다. 그러자 세상에는 아마도 이렌이라는 이름을 가진 사람이 수천 명은 살고 있을 것이며, 어쩌면 열두 명쯤은 죽음이 이날로 예정되어 있을지도 모르며, 이는 비록 하느님이라 할지라도 충분히 혼동할 만한 숫자라는 생각이 들었다. 그래서 그녀는 구체적으로 다시 말했다.
"저, '거룩한 로사리오 본당'의, 가톨릭 여성 연맹 총재인 이렌 개스턴이에요."
자! 이제는 충분히 신원이 분명히 확인되었음이 틀림없다. 그러나 그 쩌렁쩌렁한 목소리는 이렇게 대답했다.
"나는 네가 누구인지 알고 있다, 이렌. 사실 나는 네가 엄마

뱃속에 있었을 때부터 너의 모든 움직임을 지켜보아 왔단다. 난 너를 이 문 앞에로 데려온 바로 오늘까지 너를 주시해 왔고 인도해 왔다. 네가 나의 인도를 받아들일 때면 언제나. 그렇고말고, 나는 너를 완전히 다 알고 있단다, 내 딸아. 하지만 네가 이곳에 들어오기 위해서는 너는 암호를 알아야만 한다. 그렇지 않으면 문은 결코 열리지 않을 것이다. 암호가 뭐지?”

이렌은 어리벙벙했다. 암호라니? 이거 야단났네! 본당 신부도 암호에 관해서는 전혀 아무것도 얘기해 준 적이 없었는데…. 이제 어떻게 해야 하나? 그녀는 더듬거리며 대답할 말을 찾았다.

“저, 저는 한 번도 그와 같은 암호에 대해선 들어 본 적이 없는데요, 주님.”

또다시 긴 침묵이 흐르더니 그 목소리는 이번에는 슬픈 목소리로 다시 말했다.

“자, 이렌, 나는 네가 암호를 알지 못하는 한 이곳에 들어올 수 없는 게 유감이구나.”

이렌은 당황했다. 그녀는 항의하고, 평생을 바쳐 성당 단체에서 자신이 무조건 헌신한 것을 지적하고 싶었고, 또…. 그러나 그 목소리가 계속해서 말했다.

“나는 네가 어떻게 느끼고 있는지 안단다, 얘야. 그러나 네가 그것을 위해 지금 할 수 있는 일이란 아무것도 없단다. 하지만 희망을 잃지 말아라. 아마 너는 그 암호가 무엇인지 언젠가는 알게 될 것이다.”

이것은 이렌에게는 좀 너무한 것이었다. 그녀는 이런 모든 관료적인 뜻모를 말에 정말로 점점 부아가 치밀어 오르고 있었다.

"그러면 어떻게 하면 되는지 제발 말씀 좀 해주세요."

그녀는 성마르게 말했다. 쩌렁쩌렁하던 그 목소리는 거의 은밀한 속삭임에 가깝게 부드러워졌다.

"그냥 거기 문 앞에 머물러서 이곳에 들어오는 사람들을 관찰하고 그들이 하는 대로 따라해라."

이것이 이렌에게 하신 하느님의 마지막 말씀이었다. 그녀는 모든 항의와 호소했지만 그분으로부터 더 이상 아무 말씀도 들을 수가 없었다.

그래서 잠시 후에는 항의하기를 단념하고 기다렸다. 그녀는 문 가까운 자리(그곳에는 그녀와 같은 경우의 사람들의 편의를 위해 마련된 넓은 벤치들이 있었다.)에 앉아서 그녀 뒤를 이어 올 다음 사람을 기다렸다.

그녀는 사흘을 기다렸다. 이 사흘 동안 천국에 들어간 사람이 아무도 없었던 것은 아니었다. 그와 반대로 선택된 사람들이 줄을 지어 들어갔던 것이다. 그러나 단지 이렌이 그들을 보지 못했던 것뿐이었다. 그녀의 눈이 하느님의 특별하신 섭리에 따라 볼 수 없도록 가려져 있었던 것이다. 그러나 그녀는 천국에 들어가는 사람들만 제외하고는 모든 것을 아주 분명히 볼 수 있었다. 그래서 그녀는 완전히 홀로 있다는 느낌이 들었다. 물론 이것은 그녀에게 반성할 시간과 기회를 주었다.

사흘이 지났을 때 그녀는 한 노파가 책장 모서리가 접힌 교리 문답책을 겨드랑이에 끼고 오는 것을 보았다. 이 훌륭한 영혼은 일생을 수천 명의 어린이들에게 하느님의 말씀을 가르치는 데 보낸 것이 분명했다. 노파는 문 앞에 다다르자 무릎을 꿇고 침묵 속에 기다렸다. 조금 있다가 문은 저절로 열렸고 노파는 안으로 들어갔다. 이렌은 마음 속으로 환성을 올리며 생각했다.

'자, 이제 나도 무엇을 해야 하는지 알았다.'

그녀는 노파가 했던 대로 하면서 기다렸다. 하느님의 목소리가 우렁차게 울려 나왔다.

"거기 누가 있느냐?"

이렌은 자신만만하게 대답했다.

"진정한 사도입니다."

그러나 이번에도 아무 일도 일어나지 않았다. 잠시 후 하느님은 이렇게 말씀하시기만 하셨다.

"넌 아직 그 암호를 배워야 한단다. 애야. 참을성 있게 기다리면 언젠가는 그것을 알게 될 것이다."

그로부터 석 달이 지난 다음에야 그녀는 또 다른 한 영혼이 오는 것을 볼 수 있었다. 이번에 온 사람은 수사였다. 그는 몸이 여위었고, 일생 동안 고행의 삶을 영위해 온 것이 분명했다. 수사는 문 앞에 이르자 무릎을 꿇고 조용히 기다렸다. 곧이어 문이 열리고 수사는 안으로 들어갔다. 이렌은 이 모든 광경을 전처럼 눈여겨보았다. 이번에도 그녀는 어떻게 해야 할지 알고 있다고 확신했다. 그래서 그녀도 똑같이 문 앞에 무릎을 꿇고 기다렸다. 평소처럼 하느님의 목소리가 물었다.

"거기 누가 있느냐?"

"참회하고 있는 죄인이에요."

그녀는 대답했다. 하지만 아무 일도 일어나지 않았다.

"참회하고 있는 죄인이에요."

그녀는 혹시 하느님이 자신의 대답을 잘 듣지 못하시지나 않았나 싶어 더 큰 목소리로 되풀이해 말했다. 그러나 하느님은 이렇게만 말씀하실 뿐이었다.

"그건 암호가 아니다, 이렌. 때가 오면 다시 시도해 보아라."

꼬박 3년이 흘렀다. 이 기간 동안 이렌은 한 사람도 보지 못했다. 자연히, 자신에 대해 반성하는 것 외엔 아무것도 할 일이 없었기 때문에 그녀는 자주 세상에서의 자신의 삶을 되돌아보곤 했다. 처음에는 이것은 꽤나 즐거운 일이었다. 그녀는 자선 바자와 빙고(수를 기입한 카드의 빈 칸을 메우는 복권식 게임:역주)를 기획해 여러 차례 대성황을 이루었던 것을 기억했고, 사람들이 거리에서 자신에게 공손히 인사하곤 했던 것(어쨌든 성당 운영에서 자신이 얼마나 막강한 영향력을 행사했던가!)과, 어떻게든 본당 신부를 올러대서 모든 일을 그녀의 방식대로 하게 하곤 했던 순간들을 기억했다.

'아, 그때는 그랬었지.'

그녀는 향수에 젖어 생각했다. 하지만 시간이 흐르자, 아름답게만 느껴지던 이러한 모든 음악에서 귀에 거슬리는 불협화음이 들려 오기 시작했다. 자신은 다소(아, 단지 다소일 뿐이란 것을 명심하기를!) 오만했고, 다소 권위에 집착했고, 다른 사람들이 명성을 얻는 것은 다소 무시해 왔던 것이 아니었나? 글쎄, 어쩌면 그것이 조금은 사실이었을지도 모르지. 결국 누구라도 완벽할 수는 없는 거니까 하고 그녀는 생각했다. 그러나 이 같은 자기 비판은 곧 무시해 버리고 성당 일에서 자신이 이룩했던 많은 업적에 대한 기억들로 되돌아가곤 했다.

그렇지만 이러한 기억들조차도 퇴색되고 그것에 대한 흥미도 없어지기 시작했다. 모든 것이 천국 문 앞에서 좌절되고 마는 결과로 끝난다면, 거룩한 로사리오 본당을 실제적으로는 단독으로 휘둘러 온 그 의미가 대체 어디에 있단 말인가? 이 생각이 항상 더 현실적인 관점으로 그녀를 일깨워 주는 일종의 자명종 역할을 하곤 했다. 그녀가 본당을 이끌어 왔던 건 사실이지만 그래서 그것이 어쨌다는 것인가? 그러한 모든 것이 지금은 얼마나 하찮게 보이는지!

 그녀는 명성을 얻기 위해 성당에서 봉사활동을 해왔고 그 동안 내내 자신이 저질렀던 잘못한 일들을 점차 깨닫게 되었다. 그녀는 자기 방식대로 다른 사람들을 이용해 온 자신을, 또 교구의 존경받는 자리를 탐내 파렴치한 로비활동을 벌인 것을, 그리고 루카스 부인에 반대해 교활한 계략을 짰던 일 등을 마음의 눈으로 올바로 보게 되었다. 그녀는 자신의 행동을 부추긴 음흉한 몇 가지 동기들, 예를 들면 인정받고 싶은 강렬한 욕망과, 장래가 보장되는 탄탄한 지위에 대한 열망과 같은 동기들을 조금씩 찾아 내게 되었다. 아, 그녀가 열광적으로 했던 그 모든 활동들의 참모습이 이제 사실 그대로 드러난 것이다. 그녀는 하느님은 눈곱만큼 조금만 사랑하고 자신은 끔찍이 사랑하는 마음으로 그 활동들을 했던 것이다.

 이렌이 이 사실을 발견했을 때 그녀는 할 말을 잃을 정도로 깜짝 놀랐다. 어떻게 그렇게 여러 해 동안 그처럼 완전히 망상 속에 빠져 있을 수 있었단 말인가? 하지만 사실이 그랬다. 그러자 놀라움은 부끄러움으로 바뀌었다. 그 다음에 부끄러움은 슬픔이 되었다. 자신의 목적을 이루기 위해 하느님을 이용해 왔던 것은 아니었는가? 이러한 반성의 과정은 완전히 새로운 차원의 현실을 그녀에게 열어 주었다. 여기 바로 천국 문 앞에 서도 여전히 그녀는 자만심을 고집하고 있었으며, 그런데도 내내 하느님은 인내롭게 그녀의 마음에 대고 사랑에 대해 말씀해 오셨던 것이다. 그렇지만 그녀는 그 말씀에 귀기울이지 않았던 것이다.

아, 그녀에 대한 하느님의 사랑이란! 그 사랑의 실재를 그녀는 지금에야 비로소 발견하고 있는 것이다. 일생 동안 하느님이 사랑을 쏟아 부어 주셨는데도 그녀의 마음은 천 갈래도 넘는 길로 제멋대로 이리저리 나아가곤 했던 것이다.

이제 모든 것이 황량한 사막의 광경으로 아주 분명하게 그녀에게 되살아났다. 그렇지만 그녀가 바라보고 있는 것은 모래 사막이 아니었다. 그녀는 사랑의 사막을 바라보고 있었다. 그 사랑은 그녀의 생애에서 활짝 피어났어야 했을 것이건만, 그녀는 루카스 부인과 경쟁하며 교구 명부에 여러 개의 어마어마한 직함들을 올려 놓느라 너무나 동분서주했으므로 한 번도 피어나지 않았던 것이다.

여러 달이 지나가고 여러 해가 흐르자 이렌은 처음으로 하느님에 대한, 사심 없는 순수한 사랑의 마음이 일어나는 것을 체험하기 시작했다. 이것은 정말로 그녀에게는 거의 새로운 그 어떤 것이었다. 그녀는 어렴풋이 어린아이였을 때 느꼈던 것과 어느 정도 비슷한 감정들을 기억해 냈다. 그러나 그때의 감정들은 남의 눈에 띄고 칭찬받고 싶은 터무니없는 욕구에 바로 묻혀 버리곤 했었다.

하지만 지금은 사정이 전혀 달랐다. 자신에 대한 하느님의 다할 줄 모르는 사랑을 계속 깊이 숙고해 감에 따라 그녀는 헛되이 보낸 삶을 슬퍼하게 되었다. 헛되이 보낸 자신의 삶뿐만 아니라 하느님의 사랑에 대해 하느님을 무시하기까지 하는 식으로 반응한 자신의 부족함에 대해서도 슬퍼했다. 이 생각은 시간이 흐름에 따라 점점 더 강해졌다. 그녀는 자신의 과거에 대해 얼마나 절실히 뉘우치고 있는지를, 또 지금 그녀의 유일한 열망은 그분의 지칠 줄 모르시는 사랑에, 지극히 작고 미숙하기 짝이 없긴 하지만 어느 정도 사랑으로 응답하는 것밖에 없음을 하느님께 말씀드리기를 얼마나 간절히 바라게 되었는지!

이러한 열망은 하느님에 대한 깊은 갈망으로 불타오르면서 그녀 내부에서 점점 더 커져 갔다. 어느 날, 그녀는 왠지 모르지만 직감적으로 천국 문 앞에 가서 무릎을 꿇었다. 그러나 "거기 누가 있느냐?"라는 하느님의 목소리를 들었을 때 대답할 말을 아무것도 찾지 못했다. 그녀의 가슴은 오직 무어라 분명히 말할 수 없는 극도의 그리움으로 가득 차오르기만 할 뿐이었다. 어떤 조건, 어떤 상황에 있든지 하느님과 함께 있고 싶은 자신의 열망을 그 어떤 말로도 표현할 수가 없었다. 그래서 그녀는 하느님의 물음에 단지 깊은 한숨으로만 응답했다. 오직 한숨뿐, 그러나 그것은 그녀 마음 속 가장 깊숙한 곳에서부터 나오는 한숨이었다. 그러자 그 순간 문이 열렸다. 하느님은 말씀하셨다.

"아, 나는 내가 사랑하는 사람의 목소리를 알아 낸단다. 사랑의 한숨이 바로 나를 발견했다는 암호란다."

17
독수리의 눈

"이제는 내가 사는 것이 아니라
그리스도가 내 안에서 사시는 것입니다."

갈라 2, 20

독수리의 눈

 그의 기억이 미치는 한계 시점인 먼 옛날에 롤은 언제나 날고 싶어했다. 항공기 조종사처럼 비행기를 타고 나는 것이 아니라, 새처럼 그 자신의 날개로 날개짓을 하며 푸른 하늘을 자유롭게 날아다니고 싶어했다. 그는 자주 마음 속에 깊은 열망을 품고 이렇게 생각하곤 했다.
 '아, 마을과 도시 들, 강과 숲 들 위로 높이 비상하는 기쁨을 그 어디에 비길 수 있을까….'
 어느 날, 이 젊은이는 기도하면서 하느님께 하늘을 날아다닐 수 있게 해달라고 간청하고 싶은 강한 충동을 느꼈다. 그래서 그는 이 기도를 아주 열렬하고도 진지하게 했다. 진실한 기도는 어떻게든 항상 들어 주시는 하느님은 그의 소원을 허락하셨다. 그분만이 하실 수 있으며, 절대적으로 믿을 수밖에 없는 방법으로 하느님은 롤의 마음 속에 말씀하셨다.
 "그래, 사랑하는 내 아들아, 네 기도를 들어 주겠다. 그렇지만 한 가지만은 경고해 둬야겠다. 날고 있는 동안에 태양을 똑바로 쳐다보지 말아라. 그러면 너는 점차 눈이 멀게 된단다. 조금씩 눈이 안 보이다가 나중에는 영원히 전혀 볼 수 없게 된다. 오직 독수리의 피가 그 눈 속에 들어갔을 때만 그처럼 먼 눈을 낫게 할 수 있다. 독수리만이 아무런 손상을 입지 않고 태양을 똑바로 볼 수 있기 때문이야."

이렇게 해서 롤은 날기 시작하게 되었다. 그는 물론 이 사실을 절대 비밀로 했다. 사람들이 자신을 비웃지나 않을까 두려워서였다. 그는 단순히, 그가 잘 알고 있는 시골의 한적한 장소로 나가곤 했다. 거기서 그는 새가 날개를 퍼덕이듯이 두 팔을 펴고 팔을 위 아래로 빨리 흔들어 움직였다. 그러면 어떤 기적에 의해 그는 땅에서 이륙해 날게 되곤 했다. 물론 날 때마다 언제나 그것은 황홀경에 빠지는 것 같은 체험이었다. 가장 높은 나무 위로 솟아올라 구름이 둥실둥실 떠 있는 높은 곳에까지 도달할 때면 그는 한껏 기쁨에 취해 어쩔 줄을 몰랐다. 이때의 그의 느낌은 어떠한 말로도 표현할 수가 없었다.

어느 날, 그가 제일 좋아하는 이 일에 몰두하고 있을 때 그는 얼마 떨어지지 않은 데서 거대한 독수리가 자기보다 더 높은 곳에서 하늘을 날고 있는 모습을 발견했다. 힘찬 날개로 하늘을 훨훨 날아다니는 그 모습은 정말 멋진 광경이었다. 독수리는 어떠한 적도 그를 결코 정복할 수 없는 용감무쌍한 투사 같았다. 롤은 그 새의 진기한 모습에 매우 깊은 감명을 받아 즉석에서 그 새를 길들이기로 결심했다. 그런데 독수리처럼 단독으로 생활하기를 끔찍이 즐기는 동물을 하루 아침에 길들이지는 못하는 법이다. 그러나 롤은 이 새의 멋진 모습에 너무나도 매료되어, 인내심을 갖고 조금씩 길들여 가는 힘든 일을 기꺼이 감수

했다. 독수리가 어디에 둥지를 트는지 알아 낸 다음(아주 높은 나무의 맨 꼭대기였음), 그는 그 새를 놀라게 하거나 반감을 사지 않도록 조심하면서 그곳에서 매일같이 날아올라 우스꽝스럽게 날갯짓을 하며 그 주위를 날아다녔다.

이것을 그는 매일, 여러 주일을 계속했다. 점차 이 새는 처음에는 호기심에서, 그 다음에는 롤을 받아들이는 의미로 반응을 보였다. 드디어, 그 새가 멀리서부터 롤을 알아보는 순간 그를 맞이하기 위해서 재빨리 날아와 그를 벗삼아 함께 바람이 잔잔한 창공을 향해 높이 날아오르게 된 때가 왔다. 그래서 둘은 빨리 친구가 되었다. 롤은 독수리에게 아락이라는 이름을 붙여 주었으며, 곧 독수리는 그들 둘 사이에 형성된 독특한 관계를 이해하기라도 하는 것처럼 그 이름에 반응을 보였다.

아락은 태양에 반해 있다는 것 한 가지만 빼고는 롤의 완벽한 비행 친구였다. 아락의 큰 열망은 저 거대한 불덩이를 향해 끊임없이 날아올라 황금빛 눈을 태양에 붙박은 채 그 찬란한 광채를 즐기는 것이었다. 롤 또한 얼굴을 태양 쪽으로 돌리고 날기를 즐겼다. 그러다가 그는 아락을 흉내내기 시작했다. 처음엔 그의 의식이 그를 괴롭혔다. 그는 하느님의 경고를 아주 잘 기억하고 있었던 것이다. 그러나 얼마가 지나자 그 체험의 절대적인 황홀함에 마냥 도취되어 버렸다.

그러자 당연히, 일어날 수밖에 없는 일이 일어나고야 말았다. 롤의 시력이 곧 나빠지기 시작한 것이다. 아락은 대단히 영리한 새였기 때문에 금방 이것을 눈치챘다. 롤의 비행이 점점 더 불규칙해진 것을 알았던 것이다. 그래서, 어떤 확실한 직감에 이끌리고 있는 듯, 이때부터 아락은 태양을 향해 날기를 그만두고 대신 청년을 다른 쪽으로 비행을 즐기도록 유도하려고 애썼다. 그렇지만 때는 이미 너무 늦었다. 태양을 바라보는 것이 롤의 불타오르는 듯한 열망이 되어 버렸기 때문이다. 물론 그는 자기 시력이 놀라운 속도로 약해지고 있다는 걸 알고 있었다. 그러나 태양을 똑바로 응시하고 싶어하는 그의 저항할 수 없는 충동이 그 의식을 압도해 버렸다.

어느 날, 롤이 그의 친구와 함께 날아오르고 있을 때 청년은 순간적으로 전혀 눈이 안 보이는 것을 경험했다. 태양 자체만 제외하곤 주위의 모든 것이 완전히 새카맣게 보였다. 태양은 칠흑 같은 밤을 비추는 희미한 등불같이 보였다. 그러더니 그의 시력이 다시 돌아왔다. 그러나 그것도 잠시뿐, 2, 3분 후에는 다시 똑같은 현상이 일어났다. 이번에는 좀더 오래 지속되었다. 이것이 마지막 경고였을까? 그런데도 롤은 개의치 않았다. 그는 할 수 있는 한 가장 빨리 두 팔로 날개치며 태양을 향해 계속 날아올랐다. 게다가 그의 시력이 곧 되돌아왔던 것이다.

어쨌든 아락은 이 모든 사실을 인지한 것 같았고, 위험한 태양 광선으로부터 그를 떼어 놓으려고 다시 한 번 애썼다. 그는 롤에게 점점 더 가까이 날아가 자신의 넓은 날개로 그에게 부딪치고, 태양으로부터 멀어지게 하기 위해 계속해서 부드럽게 그를 밀어 제쳤다. 그러나 아락의 노력도 때가 너무 늦었다. 이제 태양만 어렴풋이 알아볼 수 있는 것 외엔 완전히 눈이 멀어 버린 젊은이는 제정신이 아니었다. 어떻게 알아차렸는지는 모르지만 어쨌든 아락은 이것을 감지했고, 당황스런 가운데서도 자기 친구가 큰 위험에 처했다는 것을 직감했다. 그는 곧장 롤을 향해 정면으로 날아와 부딪치며 억지로 그를 아래쪽으로 가게 해 태양에서 멀어지게 하려고 했다. 롤은 저항했다. 젊은

이가 독수리의 보호에서 벗어나려고 필사적으로 애쓰고 있는 동안 둘 사이에는 이상한 싸움이 계속되었다. 마침내 그는 허리에 항상 차고 다니는 칼집 속에 들어 있는 사냥칼을 기억해 냈다. 칼을 잡고 그는 앞뒤 가리지 않고 독수리의 옆구리를 마구 찌르면서 무턱대고 아락을 내리쳤다. 치명적인 상처를 입어 아락은 의식을 잃고 바람에 날리는 가랑잎처럼 힘없이 아래로 떨어지기 시작했다.

그래도 롤은 그 밖의 다른 일은 전혀 염두에 두지 않고 태양을 향해 계속 날아올랐다. 하지만 결국에는 더 높은 하늘의 차가운 공기가 롤에게 영향을 미쳤다. 그의 두 팔은 점점 감각이 없어지고 마비되어 갔다. 잠시 후에 그는 자신의 움직임을 더 이상 거의 조절할 수 없게 되었음을 알았다. 그렇지만 이 사실을 발견했을 때는 이미 너무 늦었다. 옴짝달싹도 못하게 온몸을 괴롭히는 얼음같이 차가운 냉기는, 그의 정신적 광분상태에서 오는 극도의 긴장, 피로와 겹쳐 그를 완전히 탈진상태로 몰고 갔다. 그는 의식이 희미해졌고, 일종의 본능적인 반사운동으로 그의 얼어붙은 팔을 계속 흔들지 않았더라면 온몸이 산산조각나서 땅으로 추락했을 것이다. 이것이 그의 생명을 구했다. 지면으로 일시에 수직으로 떨어지는 대신, 그는 바람에 실려 날리는 가을의 낙엽처럼 천천히 미끄러지며 떨어지기 시작했다. 그래서 여전히 의식을 잃은 채로, 그는 마치 해가 지는 것처럼 부드럽게 땅에 닿았다.

다음 날 아침, 몇 명의 농부들이 그를 발견했을 때 그는 혼수상태이긴 했지만 아직 살아 있었다. 그들은 또한 그 큰 날개를 담요처럼 펼치고 롤 위에 떨어져 있는 거대한 독수리도 발견했다. 그 새는 아직 숨을 쉬고는 있었지만 거의 죽은 거나 마찬가지였다. 밤새 그 새의 온기가 젊은이를 얼어 죽지 않게 지켜 준 것이다. 독수리의 피 몇 방울이 롤의 눈 위로 흘러내렸다. 마침내 그가 의식이 회복되고 눈을 뜰 수 있게 되었을 때 맨 처음 그의 눈에 들어온 것은 그의 곁에 누워 있는 자기 친구의 주검이었다. 그는 또한, 그를 둘러싸고 주위에 모여 있는 농부들을 알아보았을 때 그들이 아연실색하고 있는 것도 보았다. 그들은 그의 눈을 가리키며 "저 눈 좀 봐!"라고 말하고 있었다. 정말로 그의 두 눈은 독수리 눈처럼 황금빛으로 변해 있었던 것이다. 그리고 그 눈은 깜박이지조차 않고 태양을 응시할 수 있었다. 그는 아락의 눈을 물려받게 된 것이다.

그날 이후로 롤은 다른 사람이 된 것같이 느껴졌다. 물론 그는 날고자 하는 열망을 계속 품고 있었다. 또한 태양에 끌리는 마음도 역시 그대로 간직하고 있었다. 지금은 태양을 아무런 손상을 입지 않고도 똑바로 바라볼 수 있다는 차이점이 있지만. 하지만 그 밖에는 그의 인생관이 변했다. 이제 그는 사랑받는다는 것(사랑을 쏟는 상대방이 목숨을 바칠 정도로까지 자신이 사랑받는 것)이 무엇을 의미하는지를 이해하게 되었다. 더 나아가, 어쩐지 자신의 친구가 여전히 살아 있는 것같이 생각되었으며, 자신이 절망의 구렁텅이로부터 날아오르고 있는 동안 눈에 보이지는 않지만 그 친구가 항상 그의 곁에 함께 있다는 것을 믿었다. 그는 또한 언젠가는 아락을 똑똑히 보게 될 것이라고 믿었다. 그것은 단지 시간 문제일 뿐이라고 확신했다. 또 한편 그는 아락을 마음의 눈으로 보게 되었다. 그런데 이런 마음의 시각이 독수리의 눈보다 사물을 더 잘 꿰뚫어볼 수 있는 것이다. 그렇지 않은가?

18
믿어라, 그렇지 않으면…

"하느님의 힘이 사람의 눈에는 약하게 보이지만
사람의 힘보다 강합니다."

1고린 1, 25

믿어라, 그렇지 않으면…

때는 성금요일 밤이었다. 사도 요한은 침대에 누워 있었지만 잠을 이룰 수가 없었다. 그의 흥분된 마음은 한 가지 의문에 강박적으로 사로잡혀 있었다. 몇 번이고 되풀이하게 되는 한결같은 유일한 질문은, 왜 예수님은 큰 권능을 보이면서 십자가에서 내려오셔서 그분의 적들을 전멸시키시지 않았는가? 하는 것이었다. 그러면 사람들은 마침내는 그분을 믿었을 텐데!

결국은, 몸을 뒤치락거리고 돌아눕기를 수도 없이 한 후에야 청년은 단속적인 잠에 빠져들었다. 자면서 그는 꿈을 꾸었다.

그 꿈에서는 갈바리아 수난의 잔학한 장면이 모두 세세하게 재현되었다. 십자가들과 십자가의 고통, 군인들, 구경꾼들, 그리고 믿음에 충실한 여인들. 예수님이 피흘리시며 서서히 죽어가고 계신 어느 순간, 대사제들과 율법학자들은 서로 이렇게 말하며 그분을 조롱했다.

"남들은 구했지만 자신은 구할 수 없는가 보구나. 이스라엘의 왕 그리스도는 지금 십자가에서 내려와 보시지. 그러면 우리가 보고 믿을 터인데."

야유와 조롱은 한동안 계속되었다. 그러나 예수님은 그에 대해 무관심하신 것 같았다. 그분이 의식을 잃으신 것일까? 아니었다. "하느님이 원하신다면 지금 그를 구출하시라지."라는 말을 들으셨을 때 그분은 눈을 뜨셨기 때문이다. 이 마지막 말이 골수에 사무치도록 그분을 자극한 것 같았다. 그분은 숨쉬기가 한층 더 힘들게 되셨다. 그분의 관자놀이의 정맥들이 이 순간 눈에 띄게 붉어져 퍼렇게 드러나 보였다. 그분의 입은 분노로 굳어지셨다. 그분의 아버지께 대한 그 언급이 그분을 참으실 수 없게 만든 것이 분명했다. 그분은 격노해 적들에게 소리치셨다.

"독사의 족속들아! 너희의 불신앙 때문에 너희는 지옥의 형벌을 피할 수 없을 것이다!"

그러자 상상할 수도 없는 놀라운 일이 일어났다. 귀가 찢어질 듯한 천둥 소리와 함께 심장이 얼어붙을 만큼 번개가 무섭게 쳤다. 하늘로부터 눈을 뜰 수 없을 만큼 찬란한 빛이 십자가를 비추었다. 그리고 구경꾼들이 두려워하며 놀란 눈으로 바라보는 바로 그 앞에서 예수님은 거룩하게 변모되셨다. 그러고는 예수님의 피와 땀과 함께 못이 사라졌다. 예수님은 이제 완전히 십자가에서 떨어져 나오시어, 하늘을 바라보시고 경외감을 느끼게 두 팔을 위엄있게 펴시고는 눈부시게 찬연히 빛나는 평온한 모습으로 공중에 서 계셨다. 그 순간, 그분을 조롱하던 모든 율법학자들과 바리사이인들이 고통으로 몸부림치며 땅에 쓰러졌다. 그들은 입에서 피를 토했고, 배가 괴물같이 엄청나게 부풀어 오르더니 배가 터지며 구더기가 섞인 고름이 계속

쏟아져 나왔다. 곧 모든 것이 끝났다. 예수님의 적들은 모두 끔찍한 모습으로 죽은 것이다.

이 광경에 뒤이어 일어난 수라장의 모습은 쉽게 상상할 수 있을 것이다. 나머지 구경꾼들은 두려워 뒷걸음질치다가 겁에 질려 도망쳤다. 일생 동안 학살에 익숙해진 로마 군인들조차도 공포에 사로잡혀 황급히 막사로 물러가 틀어박혔다. 곧 예수님만이, 극소수의 추종자들과 함께, 아직도 광휘에 싸여 남게 되셨다. 마리아, 요한 그리고 몇몇 여인들이 그들의 스승이시며 주님이신 그분 앞에 무릎을 꿇었다. 마침내 그들의 믿음이 올바르고 참됨이 입증된 것이다! 이제 그들은 온 세상을 새로운 확고한 신념을 가지고 대할 수 있는 것이다. 누가 감히 나자렛 예수님에게 저항을 하겠는가?

사도의 꿈은 계속되었지만, 꿈은 흔히 그렇듯이 이야기가 전개되는 노중에 장면이 전환되어 시간이 단락(短絡)되었다. 이제 배경은 초대교회의 장면으로 바뀌어, 갈바리아에서 예수님의 위대한 승리 이후 몇 년이 지난 후였다. 꿈 속에서 요한은 순간순간들이 연속적으로 빨리 지나가는 가운데 그 다음에 일어난 일들을 목격하고 있었다. 그 사건은 이러했다.

온 예루살렘이 거의 하룻밤 사이에 순식간에 회심했다. 유다인치고 복음 선포에 저항하는 사람은 아무도 없었다. 더 나아가 유다, 사마리아와 갈릴래아 전역에 걸쳐서 사람들은 예수님이 십자가에 못박히신 사건과, 예수님이 그분의 모든 적보다 훨씬 강한 분이시라는 것을 어떻게 증명해 보이셨던가를 알게 되었다. 그 적들의 소름끼치는 무서운 죽음은 모든 사람에게, 그처럼 전능하신 주님께 대적하는 것은 참으로 위험하고 무모한 일이란 사실을 분명히 깨닫게 해주었다. 그래서 그들은 줄

줄이 너도 나도 성직자가 되었다. 곧 온 나라에서 "예수님을 왕으로 옹립해 우리를 다스리게 하라!"는 만인의 아우성 소리가 들끓었다. 그 결과, 말로 이루 다 표현할 수 없는 화려하고 성대한 장관 속에 나자렛 사람 예수님은 모든 사람이 환히 볼 수 있는 곳에서 왕으로 머리에 기름 부음을 받으셨다.

그때부터 예수님의 대의(大義)는 대성공을 거두며 그대로 성취되었다. 새 왕에게는 자신의 뜻을 강요해야 할 적이란 있을 수 없었다. 사람들은 그가 누구이든 그분을 거역한 사람에게는 어떤 일이 일어났던가를 기억하기만 하면 되었다. 그래서 그분은 절대적인 막강한 힘으로 통치를 하셨으며, 단순한 백성을 위한 그분의 지혜와 애정어린 보살핌이 세상과 싸워 이기시려는 그분의 뜻에 잘 부합한 것은 물론이었다. 그래서 팔레스티나 전체가 한 방울의 피도 흘리지 않고 그분을 따르게 되었다.

자연히, 그 다음에 취하셔야 할 행동은 지중해 유역에 복음을 전파하시는 일이었다. 그러나 이곳에서의 상황은 달랐다. 시간의 경과와 거리상의 간격으로 하여, 갈바리아에서 예수님이 피흘리신 대가로 쟁취하신 승리는 다소 설득력을 잃었고 그 신빙성에 대해서조차 다소 의심을 품을 정도였다. 그렇지만 이것은 곧 급전되었다. 몇몇 황제와 왕들이 예수님의 권능 있는 이름으로 흔적도 없이 불타 한 줌의 재로 변해 버렸을 때, 그 백성들은 더 이상, 설득력 있는 신통력을 입증해 보이실 필요도 없이 그저 새로운 믿음을 받아들이기만을 열망하게 되었다.

세 번째의 마지막 단계는 물론, 광대한 이교도 지역들을 포함해, 알려져 있는 나머지 세계의 사람들을 그리스도교로 개종시키시는 일이었다. 다시 똑같은 복음화 방법들이 사용되었다. 불신앙은 시의 적절한 때에 몇 가지 본보기를 통해 강한 힘을 보여 주심으로써 자취도 없이 근절되었고, 즉시 불가사의한 기적적인 결과를 성취하셨다. 그리하여 이제는 온 세계가 한 사람도 남지 않고 다 그리스도인이 되었다. 물론 모든 사람의 마음 한 구석에는 예수님이 골고타에서 보여 주신, 그리고 그 후에는 세계 어느 지역에서나 그분의 제자들이 보여 준 것과 같은 예수님의 경외스런 권능에 대한 두려움이 있었다. 그렇지만 그것이 본질적으로 꼭 나쁜 것일까? 어쨌든 두려움이란, 성서가 말하고 있는 것처럼 지혜의 시작인 것이다. 게다가 얼마 지나지 않아 대부분의 사람들은 이전의 폭군들보다는, 진정 이상적인 왕이신 예수님처럼 현명한 왕이 통치하는 것을 좋아하게 되었기 때문이다.

이야기가 바뀌어, 다른 모든 사람처럼 예수님도 이젠 노인이 되셨다. 그리고 마침내는 노령으로 돌아가셨을 때 세계는 풍요롭고 평화로웠으며 모든 것이 질서가 잡혀 있었다. 사람들의 삶을 엉망으로 만드는 더 이상의 전쟁도, 더 이상의 강도짓도, 더 이상의 외국의 침략도 없었다. 또한 다른 형태의 사회악뿐만 아니라 도둑질, 간음과 착취가 사라졌다. 누가 무엇 때문에 교구 주교나 신부에 의해 예수님의 이름으로 급사하게 되는 위험을 무릅쓰려고 하겠는가? 그러므로 끝이 좋으면 모든 것이 좋은 것이다.

요한의 꿈은 아주 가까운 길가에서 개가 짖는 소리 때문에 갑작스럽게 끝났다. 그는 잠에서 깨어 일어났다. 그러자 다음과 같은 생각이 번개같이 스쳐 갔다.

'예수님은 결코 십자가에서 내려오신 적이 없지 않으셨던가!'

그분이 그분의 적들을 무참히 죽여 버리신 것은 다만 터무니없는 꿈일 것이다. 그는 자신을 꾸짖었다.
"아니야, 그건 하나의 악몽일 뿐이야."
이제 그는 왜 예수님이 결코 십자가에서 내려오시지 않으셨던가 그 이유를 이해했다. 그것은 폭력이 온 세상을 그 발 아래 완전히 무릎꿇게 할 수 있지만, 그것이 두려움 때문이지 결코 사랑에서 나오는 것이 아님을 예수님은 알고 계셨기 때문이었다. 그리고 그분은 그 밖의 다른 어떤 것, 아무것도 원치 않으시고 오직 사랑만을 원하셨던 것이다. 그런데 사랑은 폭력으로 강요할 수 없는 것이다. 오직 전적인 약한 것 안에서만 사랑을 구할 수 있을 뿐이다.

19
깊은 우물

"아담이 아내 하와와 한자리에 들었다."

창세 4, 1

깊은 우물

"한 사람을 알기까지는 평생이 걸린다."라고들 한다. 그런데 안젤라는 이제 살 수 있는 날이 얼마 남지 않았다. 아니, 적어도 그녀의 남은 삶은 별로 쓸모없는 것일 것이다. 아무도 알지 못했지만 그녀는 암으로 서서히 죽어 가고 있었다. 그렇지만 그녀가 의사의 진찰을 받거나 그 비슷한 어떤 것을 해본 것은 아니었다. 아니, 그럴 필요가 없었다. 암이 집안에 유전되어 왔고, 그 증세를 판별할 줄 아는 사람이 보면 알 수 있는 모든 증세가 있었기 때문이다. 그리고 그녀는 과거 몇 년 동안 암에 걸린 세 명의 자매를 간호했고, 또 암으로 그들을 잃었기 때문에 그 증세들을 판별할 줄 알았다.

그러나 이상하게 생각될지는 모르지만 그녀의 진짜 문제는 그것이 아니었다. 그녀는 남편과 너무 가까운 금슬 좋은 부부였으며, 23년간 결혼생활을 하고 다섯 명의 자녀를 둔 지금 그녀는 한 가지 걱정거리가 생겼다. 그것은, 그녀가 남편 마리오에 대해 얼마나 잘 알고 있는가 하는 문제였다.
　이 심각한 걱정은 최근에, 해묵은 성서를 대충 훑어보며 책장을 넘기는 동안, 남편과 아내가 부부 관계를 통해 완전히 하나가 됨으로써 서로를 '아는 것'에 대한 기묘한 성서 구절을 우연히 읽게 되었을 때부터 시작되었다. 물론 그녀는 그 구절의 의미를 알고 있었다. 하지만 그것은 그녀의 생각을 다른 종류의 앎으로 고착시켜 버렸다. 그렇게도 오랜 세월 동안 정을 나누며 살아왔는데, 둘 사이를 갈라 놓는 어떤 비밀도 그가 하나도 숨겨 둔 것 없이 남편을 구석구석까지 다 알고 있다는 위로를 하며 죽음을 맞이할 수 있을 정도로, 한 인간으로서의 마리오를 완전하고도 철저히 안다고 말할 수 있는가? 이것이, 그녀가 밤에 곁에서 깊이 잠든 마리오와 한자리에 누워서, 자신을 마비시키는 무지근한 통증으로 자신의 암을 지각하며 생각하는 그녀의 주 관심사였다.
　이러한 반신반의로 인한 불안은 실제로 그녀를 더 이상 견딜 수 없게 만들었으므로, 어느 날 그녀는 그것에 종지부를 찍기로 결심했다. 그녀는 자신이 마리오를 얼마나 잘 알고 있는지를 점검해 확인할 수 있는 방법을 알아 내려고 했다. 그녀는 단순하고도 실제적으로, 이를 성취하기 위해 소박한 계획을 궁리해 냈다. 즉 자신이 신뢰하는 세 사람에게 자기 남편에 대해 자신이 얼마나 알고 있는지를 측정할 수 있는 방법을 물어 보려는 것이었다. 그리고 그들의 충고를 따르려고 했다. 만일 그 방법들 중 어떤 것도 그녀를 만족시켜 줄 해답이 못된다면 이 모든 문제를 잊어버리려고 노력할 참이었다.
　그녀가 첫번째로 조언을 구한 사람은 늙은 산파였다. 이 노파는 여러 가지 인간사에 대해 정확하고 뛰어난 직관과 이해력으로 잘 알려져 있는 여자였다. 그녀는 안젤라의 간청에 웃으며 대답했다.

"자네가 항상, 남편이 저녁 식사로 뭘 먹고 싶어하는지 알아맞힐 수 있다면 정말로 그를 알고 있다고 말할 수 있겠지."

안젤라는 거의 자신의 귀를 믿을 수가 없었다. 그렇게 간단한 테스트가 어떻게 마리오에 관한 것을 무엇이든 남김없이 알려 줄 수 있단 말인가? 어쨌든 그녀는, 그가 대여섯 종류의 음식 중에서 어느 한 가지를 말할 거라고 확신했다. 먹는 것에 관해서라면 그녀는 남편 마리오를 정말 잘 알고 있는 터였기 때문이다. 여하튼, 그녀로서는 어떤 확신에서라기보다는 산파의 친절한 관심에 대해 감사하는 의미에서, 집에 돌아오자 충실한 의무감을 갖고, 저녁으로 무엇을 먹고 싶은지 마리오에게 물었다. 그는 조금도 주저하지 않고 "피자."라고 대답했다. 안젤라는 거의 기절할 뻔했다. 님편이 그녀 앞에서 피자를 그렇게 대단한 음식으로 말한 것은 처음이었기 때문이다. 평정을 되찾았을 때 그녀는 도대체 왜 피자를 택했는지 물었다. 그는 자신이 예외의 어떤 것을 말했다는 사실을 전혀 의식하지 못하는 듯 그녀의 반응에 깜짝 놀란 것 같았다.

"왜 피자냐고? 나도 몰라. 며칠 전에 '직장' 상사의 파티에 갔더니 피자가 나오더군. 맛이 아주 좋았어. 그런데 왜 묻는 거지? 그걸 만들기가 어려운 거야?"

안젤라는 그 점에 대해 남편을 안심시키고, 산파와 했던 얘기에 대해서는 아무 말도 하지 않았다. 그렇지만 그날 저녁 식사 준비를 하면서 그녀는 계속 혼자말을 했다.

"이거 큰일이군! 그럼 내가 내 남편을 모르고 있다는 말인가?"

당연히 그 다음 며칠 동안은, 그의 태도에 어떤 의미 심장한 변화가 있는지 알기 위해서 그녀는 마리오를 아주 면밀히 관찰했다. 그러나 특별히 색다른 점은 아무것도 발견하지 못했다. 남편은 훤히 예측할 수 있는 방식으로, 늘 하던 것과 똑같이 행동했다. 그래서 마침내 그녀는 자신이 정말로 남편을 깊이 잘 알고 있으며, 산파의 시험 방법은 너무나 단순하기만 해서 어떤 사실을 입증해 줄 수는 없는 것이라고 결론지었다. 하지만 오래 품어 온 그 의혹은 해결되지 않은 채 그대로 남아 있었다. 그래서, 전에 그 문제에 관해 세 사람에게 조언을 구하리라고 결심했었기 때문에, 그녀는 적어도 그 다음 단계를 시도해 보리라고 마음을 정했다.

두 번째로 그녀가 상담을 청한 사람은 본당 신부였다. 처음에는 그는 그녀를 안심시키려고 애썼다. 여러 해에 걸쳐, 그는 그들을 늘 보아 왔고, 본당의 많은 일들을 그들과 함께 일해 왔으며, 그들의 모든 비밀을 같이 나누어 왔다. 그러므로 그는 그들 부부의 남다른 다정한 금슬을 증언해 줄 수 있었다. 이것을 그는 안젤라에게 매우 힘주어 말했다. 그러나 그녀는 만족하지 못했다. 자신이 정말로 남편을 완전히 알고 있는지 아닌지 알 수 있는 방법이 없단 말인가? 그녀가 이 모든 문제에 대해 얼마나 진지한지를 보고 마침내 신부는 그녀에게 이렇게 말했다.

"글쎄, 자매님이 계속 그렇게 주장하신다면, 이렇게 하는 것도 한 방법이 될 수 있을 겁니다. 단지, '나는 마리오의 모든 죄를 다 알고 있는가?'라고 스스로에게 물어 보기만 하십시오. 그렇다고 대답할 수 있다면 자매님은 정말로 그를 알고 있다고 말할 수 있겠지요."

안젤라는 안도감을 느꼈다. 그녀는 마리오의 생활을 손금 보듯 환히 알고 있었으므로, 그가 그녀에게 숨겨 온 것은 아무것도 없다고 절대적으로 확신하고 있었다. 그래서 안심하며 집으로 돌아왔다. 하지만 그날 저녁 이상한 일이 일어났다. 그들의 두 십대 아들이 모임 때문에 집을 비워(다른 자녀들은 모두 결혼해 따로 살고 있었다.) 집 안은 전에 없이 조용했다. 그들 두 사람은 밤의 서늘한 공기를 즐기면서 현관 바깥에 앉아 있었다. 그런데 어느 순간 마리오가 그녀 쪽으로 몸을 돌리며 말했다.

"안젤라, 오래 전부터 당신에게 말하려고 생각해 왔던 게 있소."

그녀는 너무 놀라 심장이 멎어 버릴 것 같았다. 그녀가 암에 걸렸다는 사실을 안 것일까? 그녀는 절망적으로 그렇지 않기를 바랐다. 그는 계속해서 말했다.

"그것은 나에 관한 일이오. 당신은 언제나 나를 정직한 사람으로 생각해 왔지. 글쎄, 나도 그런 사람이 되기 위해 최선을 다하려 노력했다고 생각하오."

그는 머뭇거렸다. 그가 말해야만 하는 사실을 고백하는 것이 어려운 게 틀림없었다. 그는 계속했다.

"하여튼 간단히 말하면, 전에 한 번 약간의 돈을 훔친 적이 있소. 많은 돈은 아니었지만 어쨌든 그건 도둑질이었어."

안젤라는 놀라움을 감추지 못하며 물었다.

"그게 언제였는데요?"

"당신이 맹장염에 걸리고 그 후 여러 가지 합병증이 생겼을 때였어. 병원의 청구서가 계속 산더미처럼 쌓여 가고 있었을 때, 기억해? 그때 난 당신에게 그 청구서를 절친한 친구에게서 빌린 돈으로 지불했다고 했었지. 그런데 사실은 그 돈은 훔친 거였어."
"그 친구에게서요?"
안젤라가 이야기를 중단시켰다.
그가 대답했다.
"아니. 자초지종은 이래. 나는 큰 액수의 지폐들이 가득 들어 있는 지갑을 하나 주웠고, 그 안에 신분증이 있었지만 그냥 그 돈을 가져 버렸어. 그리고 나중에 익명으로 그 돈을 우편으로 반환해 주었지."

이렇게 해서 안젤라는 마리오가 그녀 모르게 계속 숨겨 온 죄가 있다는 것을 알게 된 것이다. 물론 그녀는 이 사건으로 몹시 충격을 받았다. 하지만 며칠이 지나자 이 모든 것은 어떤 형태도, 또한 아무 흔적도 남기지 않는, 일생에 단 한번 일어날까 말까 한 일들 중 하나에 지나지 않는 것처럼 보였다. 그런데 그것은 정말로 그런 것이었을까? 그녀가 아직 알지 못하는 남편의 또 다른 죄는 없는가? 그런데 이런! 그녀의 뇌리를 떠나지 않는 의심이 다시 되살아나 그녀를 괴롭히고 있었다. 도대체 어떻게 해야 자신이 마리오를 완전히 알고 있다고 항상 확신할 수 있는 걸까?

자, 아직 그녀가 의논할 수 있는 세 번째 인물이 남아 있었다. 살 수 있는 시간이 얼마 안 남았기 때문에 이번에는 그 사람을 가장 신중하게 선택해야 했다. 그녀의 가슴 통증은 점점 심해지고 있었다. 체중 또한 자꾸 줄어들고 있었으므로 마리오는 분명 머지않아 어딘가 그녀의 건강에 이상이 있다는 걸 알아챌 것이다. 그녀는 이 같은 걱정거리는 될 수 있는 한 남편에게 알리고 싶지 않았다. 그러나 그렇게 함으로써, 그가 그녀에 대해 완전히 아는 것을 불가능하게 하는 것은 아닌가? 그렇다. 그것은 의심할 여지도 없었다. 그러나 그것은 정당한 이유가 있는 것이었다. 즉 남편이 필요없는 걱정을 하지 않도록 하기 위한 것이다. 그녀는 계속 생각했다.

'아주 좋은 방법이야. 하지만 그가 자신의 은밀한 비밀을 내게 숨겼을 때 그도 또한 내가 필요없는 걱정을 하지 않도록 한 게 아닌가? 남편들과 아내들은 모두 사랑을 위해 언제나 숨바꼭질하도록 운명지어져 있는 걸까? 그렇지만 사랑이란 완전한 솔직함을 요구하는 것이 아닌가?'

여기서 그녀는 또다시 다람쥐 쳇바퀴 돌 듯 생각에 생각을 거듭했지만 아무것도 얻은 바가 없었다. 아, 누가 그녀의 의심을 단번에 해소시켜 줄 수 있을 것인가?

이 모든 문제에 관해 조언해 줄 상대에 대해 여전히 생각에 골몰해 있던 어느 날 오후, 성당에서 조용히 기도하고 있을 때 그녀는 하느님이 그녀의 마음에 말씀하시는 소리를 들었다. 일단 가슴의 통증이 잠잠해졌기 때문에 그녀는 하느님 말씀에 온전히 정신을 집중할 수가 있었다. 그분은 말씀하셨다.

"안젤라, 나의 사랑하는 딸 안젤라야, 우물에 대해 생각해 보려무나. 얼마간 떨어져서 우물을 바라볼 때는 평평한 레코드판처럼 보이지. 그렇지만 가까이 다가가서 그 안을 들여다보면 그것은 깊이를 헤아릴 수 없는 심연처럼 보인다. 그렇지 않으냐? 그 이치는 사람들에 대해서도 마찬가지란다. 네가 지상에서 생활하는 동안 너는 누군가를 정말로 아주 깊고도 막역하게 알게 되겠지만 그것도 단지 어느 정도까지만이란다. 인간의 깊은 본원적인 마음은 나에게로 향해 있고 어느 정도 나의 무한함을 갖고 있다. 하지만 천국에서는 나는 내 피조물들에게 구석구석 온전히 빛을 비춘다. 천국에서 그들은 모든 것을 완전히 알 수 있을 뿐 아니라 자신의 모든 것이 다 드러나게 된단다. 나의 빛 안에서 그들은 또한 지상에 있는 인간들에 관한 모든 것을 보고 또 알 수 있지. 천국에서는 그들에게 더 이상 비밀이 있을 수 없으며 오직 무한한 경이로움만이 있을 뿐이란다. 이해하겠느냐, 안젤라야?"

안젤라는 잘 알아들었다. 그녀는 하느님이 깨닫게 해주신 사실에 압도당해 멍한 상태로 성당을 떠났다. 통증이 다시 찾아왔지만 이제는 개의치 않았다.

그날 밤, 흔히 그랬듯이 안젤라와 마리오는 잠들기 전에 잠자리에서 조용히 대화를 나누었다. 어느 순간 안젤라가 마리오를 향해 돌아누우며 온화하게 말했다.

"당신은 언제나 나를 놀라게 했죠, 마리오. 그래요, 정말 23년 동안 함께 살아온 지금에도 당신은 여전히 나를 놀라게 하고 있어요. 요 며칠 사이에야 비로소 난 당신을 정말로 잘 알고 있지 못하다는 걸 깨달았어요."

남편은 깜짝 놀라며 항의했다.

"무슨 소리야, 안젤라. 물론 당신은 나를 잘 알고 있소."

그녀는 익숙해진 가슴의 통증을 느끼면서 조용히 웃었다. 그러고는 부드럽게 말했다. 그 목소리는 그녀가 그토록 사랑해 온 이 남자에 대한 애정으로 가득 차 있었다.

"아니예요, 마리오. 난 정말로 아직도 당신을 잘 몰라요. 그렇지만 신경 쓸 것 없어요. 곧 당신을 잘 알게 될 테니까요."

수수께끼 같은 이 말을 하면서 그녀는 그의 팔 안에서 평화롭게 잠들었다.

20
누가 아는가

"남을 판단하지 말아라.
그러면 너희도 판단받지 않을 것이다."

마태 7, 1

누가 아는가

　앤디는 항상 남을 판단하는 사람이었다. 마음 속으로, 또는 직접적인 말로, 언제나 다른 사람들에 대해 요모조모를 뜯어보고는 판단을 내렸다. 하지만 그 밖에는 썩 괜찮은 훌륭한 그리스도인이었다.
　그의 생애 어느 순간에, 앤디는 좀더 빠르든지 좀더 늦든지 누구나 다 하는 일을 그대로 따라했다. 즉 죽었다. 그리고 모든 죽은 사람들이 그렇듯이 천국 문 앞에 당도해 성 베드로와 대면하게 되었다. 베드로는 모든 인간사에 대한 정보를 훤히 알고 있었기 때문에, 즉시 그를 알아보고 부드럽게 웃으며 말했다.
　"앤디, 자네에게 이야기를 하나 해준 다음 질문을 한 가지 하겠네. 내 질문에 맞게 대답한다면 나는 자네를 천국에 들여보낼 것일세. 준비 됐나? 좋아. 이런 얘기일세. 한 이름난 부자가 어느 날 강물에 빠졌다네. 그는 수영을 할 줄 몰랐기 때문에 정신 없이 물장구를 치며 도와 달라고 소리쳤어. 그 때 일행인 세 명의 남자가 그 근처를 지나가고 있었는데, 한 사람은 사건 현장에서 도망쳐 버렸고, 다른 한 사람은 우연히 그곳에 있던 노 젓는 배를 하나 잡아 탔고, 또 다른 세 번째 사람은 물 속에 뛰어들었어. 자, 그럼 질문을 하겠네. 누가 용기가 있으며, 누가 겁쟁이고, 누가 탐욕스러운 사람인가?"

앤디는 질문이 너무 쉬워 조금 놀랐다. 그러나 늘 그랬듯이 확신을 갖고 즉시 대답했다.

"비겁한 자는 확실히, 반대 방향으로 도망간 사람입니다. 그는 어떤 일이라도 위험한 일에 말려드는 것이 두려웠던 것입니다. 반대로, 용감한 사람은 자기 목숨을 무릅쓰고 물에 빠진 사람을 구하려는 각오로 물에 뛰어든 남자입니다. 그리고 나머지 사람, 즉 묶여 있던 배를 푼 그 남자가 탐욕스러운 자가 되는 것은 자명한 이치겠지요. 다른 두 사람은 이미 설명이 되었으니까요. 왜 그가 배를 잡아 탔겠습니까? 아마도 탐욕으로 뭉쳐진 사람이었기 때문에, 그를 구해 주기 전에, 빠진 사람 가까이로 노를 저어 가 많은 사례금을 주겠다는 약속을 기다릴 셈이었겠죠."

앤디의 대답을 듣고 성 베드로는 고개를 흔들며 말했다.

"미안하네, 앤디, 그 대답은 틀렸네. 불행히도 자네는 천국에 들어올 수가 없네. 하지만 자네에게 한 번 더 기회를 주겠네. 그러나 우선, 자네는 지상으로 돌아가, 사람들을 더 잘 이해할 수 있도록 사람들을 아주 세밀하게 관찰해야 하네. 인간 본성에 대해 알아야 할 모든 것을 알았다고 생각될 때 다시 여기로 돌아와 다른 대답을 말해 보게나. 그러면 아마 그때는 옳은 대답을 하게 될 걸세."

그래서 앤디는 다소 가라앉은 기분으로 지상으로 돌아왔다. 10년 동안 내내 그는 인간의 행동을 연구했다. 이 작업은 그에게 아주 쉬웠는데, 그는 육체에서 이탈된 영혼이었기 때문에 다른 사람들 눈에 띄지 않고 어디고 마음대로 오고 갈 수가 있었기 때문이다. 10년이 다 되어 갈 무렵 그는 인성에 대해 알 수 있는 모든 것을 배웠다고 생각했다. 그래서 성 베드로를 다시 만날 때가 되었다고 결정을 내렸다.

천국 문에서 사도와 마주쳤을 때 그는 도전할 만반의 준비가 되어 있다고 생각했다. 물론 처음에 그랬던 것만큼 자신감에 넘치지는 않았다. 어쨌든, 10년 동안 인성을 관찰했다면 어느 누구라도, 아무리 그 구조가 복잡하다 하더라도 그 잠재의식적 동기, 은밀한 본능적 욕구, 불합리한 충동에 관해 어느 정도는 알게 마련이지, 전혀 아무것도 모르고 그저 허송세월을 하는 사람은 없는 법이다. 그렇긴 하지만, 그는 지금 성 베드로의 질문에 어떻게 대답해야 하는지 상당히 자신이 있었고, 그래서 즉시 거침없이 말했다.

"용기 있는 사람은 도망간 남자입니다. 수영을 할 줄 몰랐기에 도움을 청하러 서둘러 자리를 떴던 것이며, 그가 할 수 있는 최선의 일을 한 것이기 때문입니다. 겁쟁이는 배를 확보한 사람입니다. 그는 수영을 할 줄 알았지만 물에 빠진 사람이 그를 와락 붙잡는다면 강바닥까지 끌려가지 않을까 두려웠던 것입니다. 그래서 그는 그 대신, 강에 빠진 사람이 뱃전을 붙잡도록 하기로 결정을 내렸던 거지요. 탐욕스런 자로 말하자면, 두 사람을 제외한 물에 뛰어든 남자일 수밖에 없습니다. 그 친구는 아마 물에 빠진 사람에게 다가가 그가 의식을 잃기를 기다려 모든 돈과 귀중품들을 훔치려고 작정했을 겁니다."

앤디는 입을 다물고 성 베드로의 평결을 기다렸다. 아주 주의 깊게 듣고 있던 그는 또다시 고개를 흔들며 말했다.

"안됐네만 앤디, 이번에도 틀렸네. 하지만 세 번째로 기회를 주겠네. 지상으로 돌아가서, 내 질문에 맞게 대답할 수 있을 만큼 충분히 인성을 이해했다고 생각될 때 다시 오게나."

앤디는 이번엔 정말로 기가 죽어 지상으로 되돌아왔다. 하지만 얼마가 지나고부터는 마음을 차분히 가다듬고 다시 한 번 그의 과업에 착수했다. 이번에는 20년 동안, 그가 만나는 모든 남자, 여자와 아이들의 행동을 유심히 바라보며 세밀하게 연구했다. 그러나 이제는 이전엔 전혀 알아차리지 못했던 많은 것들, 예를 들면 한 개인의 결정에 영향을 미치는, 교육과 동류(同類) 집단의 압력과 같은 것을 깨닫게 되었다. 그렇지만 20년이 지나자 그는 인간 행동에 관해 알 수 있는 모든 것을 거의 배웠다고 만족감을 느끼며, 성 베드로와의 세 번째 만남을 위해 천국 문 앞으로 되돌아왔다. 하지만 이번에는 자신의 이전의 잘못들을 상기했다. 그는 또한 다른 사람들의 동기를 판단한다는 것이 얼마나 어려운 일인가 하는 것을 마음에 사무치도록 인식하게 되었다. 그래서 그는 다소 망설이면서 말하기 시작했다.

"이전의 저의 두 번의 대답이 틀렸기 때문에 저는, 탐욕스런 자는 도망친 사람이고, 용감한 사람은 배를 확보한 남자이며, 겁쟁이는 물에 뛰어든 사람이라고 결론짓고 싶습니다. 그런데 거룩하신 베드로님, 제 대답의 정당성을 입증해 보이는 것을 베드로님도 좋아하시리라고 생각하는데요."

사도가 대답했다.

"그래, 그러지 않는다면 난 자네가 단지 자네 맘대로 추측해서 말하고 있는 건지, 아니면 정말 인간 본성에 대해 깊이 깨닫고 그에 근거해서 말하고 있는 건지 모를 테니까 말이야."

앤디는 온 정신을 집중해 잠시 깊이 생각했다. 그런 다음 다시 계속해서 설명했다.

"이 모든 것은 절대적으로 가설일 뿐이라는 걸 알아 주십시오. 그렇지만 제가 이해한 바로는, 배를 확보한 사람은 수영을 할 줄 몰랐습니다. 그러나 그는 물에 빠진 사람을 구하기 위해 그가 할 수 있는 모든 일을 즉시 했던 것입니다. 도망간 남자는 탐욕스런 자입니다. 그것을 우리는 예를 들어 이렇게 가정해 볼 수 있겠지요. 즉 그는 보도 기자였습니다. 그는 자신의 신문사를 위해, 그 모든 장면을 제일 먼저 필름에 담아 특종기사로 다른 신문을 앞지르기 위해 자신의 사진기를 가져오려고 달려간 것입니다. 이 행동은 그 다음에는 아마 그의 급료를 인상되게 했거나, 아니면 그 해의 가장 뛰어난 즉석 보도로 상까지 받게 했을지도 모릅니다. 마지막으로, 물 속에 뛰어든 겁쟁이는, 그렇게 하지 않는다면 그의 두 동료가 물에 빠진 사람을 구하는 데에 그가 아무것도 하지 않았다고 비난할까 봐 두려워 그렇게 쉽게 뛰어들 수 있었을 겁니다. 그렇지만 물론 그는 허우적거리는 사람에게 아주 가까이 다가갈 생각은 전혀 없었으며, 필요하다면 몸에 쥐가 난 척하려는 준비까지 하고 있었을 겁니다. 다시 한 번 말씀드리지만 거룩하신 베드로 님, 이 모든 것은 대부분 절대적으로 가정입니다. 그러나 극도로 복잡한 인간의 마음에 비추어 볼 때 그 이상의 어떤 다른 해석을 내린다는 건 거의 불가능하다고 생각하는데요."

성 베드로는 이 솔직한 고백에 빙그레 웃었다. 그러더니 또 다시 심각한 얼굴로 앤디에게 말했다.

"여보게, 정말 매우 안됐네만 아직도 대답이 틀렸네. 그렇지만 마지막 기회를 주겠네. 지상으로 되돌아가 이번엔 꼬박 1세기 동안 연구를 좀 해보게나. 그런 다음, 오늘로부터 정확히 100년이 되는 날 여기로 다시 돌아와 자네 연구 결과의 상태를 정확히 보고해 주기 바라네. 즉 자네가 내 질문에 맞게 대답할 수 있든 없든 간에 말일세."

그리하여 앤디는 또다시 지상으로 돌아왔다. 이번에는 절망하면서도 결사적으로 그의 과업에 착수했다. 그가 이미 성 베드로에게 제시했던 세 가지 답변을 마음 속으로 신중하게 곰곰이 재검토해 보았을 때, 그는 수학적 법칙인 순열(順列)에 의해 이제는 오직 다른 세 가지 대답만이 가능하다는 것을 알았다. 그러나 이번이 마지막 기회였다! 그래서 그는 이 세 가지 가능성 중 어느 것이 옳은 대답인지 최대한으로 신경 써서 선택을 해야 했다.

꼬박 1세기를 그는, 한 개인의 행동에 동기를 부여해, 결과적으로 다른 사람이, 그 사람이 성실하게 행동하고 있는지 아니면 불성실하게 행동하고 있는지의 판단을 가능하게 하는 모든 것(성격 형성기, 환경, 기질, 다른 사람들과의 만남, 기회, 유혹의 강도〈强度〉, 과거의 성공이나 패배의 누적되어 온 영향력, 그리고 다른 모든 관련된 요인들)을 고려하면서 인간의 깊은 마음 속을 헤아리기 위해 애썼다. 그러나 인간 본성에 대해 더 많이 터득하게 될수록 그는 외경심을 느낄 정도로 인간의 마음이 복잡하다는 것을 점점 더 많이 깨닫게 되었다. 이리하여 몇 년이 흐르고 또 수십 년이 지나감에 따라 그는 언제고 성 베드로의 질문에 만족스럽게 대답할 수 있는 자신감이 점점 더 없어졌다.

마침내 그의 유예기간이 다 끝나고 마지막으로 사도와 대면해야 할 날이 왔다. 성 베드로는 그를 친절하게 맞으며 물었다.

"자, 앤디, 아마 이제는 내 질문에 맞게 대답할 수 있을 거야. 세 사람 중 누가 겁쟁이고, 누가 용기 있는 사람이며, 누가 탐욕스런 사람이지?"

앤디는 슬프게 고개를 저었다. 아무리 애써도 무엇이 그 세 사람의 행동을 유발시켰는지 전혀 생각이 떠오르지 않았다. 그는 불확실함의 번민 가운데 대답했다.

"솔직히 말해 모르겠습니다."

그러자 성 베드로는 전혀 예기치 못한 의외의 행동을 했다. 그는 기쁨에 찬 환성을 질렀던 것이다.

"주님을 찬미할지어다! 여보게, 앤디! 자네는 자네를 위해 천국 문을 열 수 있는 둘도 없는 가장 적절한 대답을 했네!"

그러고는 옆으로 비켜서며, 이제는 더 이상 형제들을 판단하지 않게 된 앤디를 맞아들여 천국 문 안으로 인도했다.

21
3W

"영적 생활에 기본이 되는 것은 3W이다.
즉 마음에 복음의 물을 주고(Watering) 악습과 그릇된 태도의
잡초를 뽑아 내고(Weeding out) 기다리는 것(Waiting)이다."

3 W

  치토가 지원자로서 성 골롬반 수도원에 들어왔을 때 그의 유일한 큰 소망은 거룩하게 되는 것이었다. 그리고 모든 지원자처럼 그 또한 빨리 거룩해지기를 바랐다. 그래서 수도원에 도착한 바로 그날로 그는 가장 시급한 이 문제에 대해 상의하러 수도원장을 찾아갔다. 현명하고 덕망 높은 노(老)수사 수도원장은 이 젊은이의 안달을 누구보다도 잘 이해했다. 그러나 수도원장은 그에게 시기적절한 몇 가지 영적 충고를 해주는 대신, 그 다음 날 다만 치토가 수도원의 채소 재배자로 일하는 평수사인 마카리우스 수사의 지시 아래 일하게 될 거라는 사실만 알려 주었을 뿐이었다.
  수도원장은 치토에게 말했다.
  "마카리우스 수사한테 자네는 거룩함에 대해 알아야 하는 모든 것을 배우게 될 걸세."
  그런데 마카리우스 수사는 자기에게 필요한 것이 없을 때는 결코 많은 말을 하지 않는 아주 조용한 사람이었다. 그는 평소 몸짓으로 의사를 전달하는 것으로 만족했다. 치토가 첫날 작업장에 나타났을 때, 그는 한 번 흘끗 쳐다보고는 단지 이렇게만 말했다.

"좋아요, 말없이 내가 하는 대로 따라하시오."

그래서 치토는 연장자 수사가 하는 대로 따라하기 시작했다.

그날 그 두 사람은 온종일을 마을 우물에서 양동이로 물을 퍼올려, 약 300걸음 정도 떨어져 있는 수도원 채소밭까지 들고 와서 하나씩 하나씩 농작물들에 물을 주며 보냈다. 이것이 첫날 그들이 한 모든 것이었으며, 둘은 한 마디의 대화도 나누지 않았다. 저녁기도 종이 울렸을 때 마카리우스 수사는 몸짓으로 작업이 끝났음을 알렸다. 그리하여 두 사람은 몸을 깨끗이 씻고 성당으로 향했다.

저녁기도 후, 치토는 당황하여 수도원장을 찾아가 여쭈어 보았다.

"원장님, 왜 저를 마카리우스 수사님과 함께 일하도록 보내셨는지 설명해 주실 수 있겠습니까? 등뼈가 부러질 정도로 채소밭에 물을 주었지만 거룩함에 관해선 하나도 배우지 못했는데요."

수도원장이 대답했다.

"그 반대로 자네는 바로 첫번째 교훈을 배운 걸세. 결실 맺기를 바란다면 자네 마음에 물을 주게."

"그러면 그것을 어떻게 해야 합니까?"

"복음의 샘에서 물을 길어 올려 매일 그것을 묵상하면 점점 거룩하게 성장해 갈 걸세. 그러나 내일은 채소밭으로 되돌아가 두 번째 교훈을 배우도록 하게."

그 다음 날은 채소들의 성장을 방해하는 해로운 무성한 잡초들을 뽑느라 온 하루를 다 보냈다. 이날도 등뼈가 휠 정도로 대단히 고된 하루였다!

저녁기도 후 치토는 또다시 수도원장을 찾아가 불평을 늘어놓았다.

"원장님, 등골이 빠질 정도로 채소밭의 잡초를 뽑아 냈어도 거룩함에 대해 배운 것이라곤 아무것도 없는데요."

수도원장이 응수했다.

"그렇지 않네. 여보게, 자네는 또 다른 근본적 교훈을 배운 걸세. 자네 마음 속의 잡초를 뽑아 내게. 그러지 않는다면 복음의 샘물도 아무 소용이 없다네."

"그렇다면 저는 그것을 어떻게 해야 할까요, 원장님?"

"자네의 죄, 자네의 악습과 그릇된 태도를 발견하는 즉시 거기서 벗어남으로써 할 수 있지. 매일매일 그렇게 한다면 거룩해지는 데 빨리 진보하게 될 걸세. 하지만 내일은 마지막이자 모든 것 중 가장 어려운 세 번째 교훈을 배우기 위해 자네의 작업장으로 돌아가야 하네."

그 다음 날, 마카리우스 수사는 채소밭을 한 바퀴 돌면서 채소들을 하나하나 면밀히 살펴보고, 땅의 습기를 검사하고, 아직 남아 있던 잡초 몇 개를 제거한 다음 땅에 앉았다. 한참 있다가 치토가 그에게 물었다.

"이제 우리는 무엇을 해야 합니까, 수사님?"

마카리우스 수사는 간단히 대답했다.

"그냥 기다리는 거야."

그날 그들이 실제로 한 일은 아무것도 없었으며, 그래서 치토는 너무나도 지루해 견딜 수가 없었다.

저녁기도 후 그는 다시 수도원장을 찾아가 한탄했다.
"마카리우스 수사님과 함께 지낸 날들 중 오늘은 정말 최악의 날이었습니다. 우리는 하루 종일 아무것도 하지 않고 단지 기다리기만 했으니까요."
수도원장은 탄성을 질렀다.
"아! 자네는 이제 거룩함에 관한 기본적인 세 번째 것을 배운 걸세."
"뭐라고요? 한 일이 아무것도 없는데 말입니까?"
치토는 믿기지 않아 숨이 넘어갈 듯이 말했다.
"자네는 아무것도 안 한 게 아니라네. 자네는 기다리고 있었다고 방금 말하지 않았나?"
수도원장이 치토의 말을 부드럽게 정정했다. 그는 잠시 말을 멈추었다. 그의 눈은 자신의 긴 생애에 대한 회상에 깊이 잠겨 있었다.
그러더니 그는 계속해서 말했다.
"여보게, 치토, 거룩해지는 데에서 진보는 하느님이 당신 뜻대로 행하시도록 기다리는 것을 배웠을 때만 가능하다네. 그분은 자네가, 그분이 자네의 마음 깊숙한 곳에서 매우 신비롭고도 조용히 이루어지는 일을 행하시도록 허락할 때 그렇게 하신다네. 그것은 오직 그분만이 하실 수 있는 섬세함을 통해 싹터 점차 자라나게 되는 거야. 우리가 할 일이란 그 다음에 인내롭게 기다리는 것이지. 그렇게 한다면 자네는 알지 못하는 사이에 거룩하게 될 걸세."
치토는 수도원장의 충고를 그대로 따랐다. 그때부터 그는 세 가지 일을 행했다. 즉 그의 마음에 물을 주고, 마음 속의 잡초를 뽑아 냈으며, 기다렸다.

죽을 때까지도 그는 여전히 겸손하게 성덕을 추구하고 있었다. 그렇지만 그와 함께 살아온 사람들은 모두 그가 마음에 물을 주고 잡초를 뽑아 내고 기다리는 가운데 어딘가에서 거룩함을 발견했다는 것을 알고 있었다.

22
웃음이 없는 컴퓨터

"인간은 스스로 똑똑한 체하지만 실상은 어리석습니다.
그래서 불멸의 하느님을 섬기는 대신에 썩어 없어질
인간이나 새나 짐승이나 뱀 따위의 우상을 섬기고 있습니다."

로마 1, 22-23

웃음이 없는 컴퓨터

　버트가 버트란 이름을 갖게 된 것은 앨버트 아인슈타인에 대한 그의 아버지의 존경심 때문이었다. 그는 또한 아버지 덕분에 복잡한 고등수학을 일찍부터 공부하기 시작해서 그 결과, 22세 때에 이미 컴퓨터 공학의 귀재가 되었으며, 상당한 급료를 받고 있었다.
　현재 그는 정부의 중요한 입안 기관을 위해 일하고 있었다. 이 사실은 모든 관심이 미래의 도시 개발에 집중되어 있는 여러 가지 다양한 기술적 문제들을 그에게 선임했다는 것을 뜻한다. 한 예를 든다면, 그는 지금 1억 명이나 되는 주민이 거주하는 '무한정의 거대 도시'라고 부르는 건설 계획에 관련되는 매개 변수들에 관해 연구하고 있었다.
　완전한 기술자로서는 그렇게 능력이 있었지만 버트는 성격상의 약점 한 가지를 갖고 있었다. 즉 그는 이웃집 처녀 소피를 남몰래 짝사랑하고 있었다.

소피는 대도시의 빈민지역에서 사회사업가로 일하는 조용하고 아주 아름다운 젊은 처녀였다. 그녀는 어떤 대도시에서도 자연 발생적으로 양산되는 떠돌이, 주정뱅이, 나이 많은 매춘부, 마약 중독자, 십대 부랑아 들과 같은 사회 부적응자들을 돌보는 일을 전문으로 했다. 이 모든 소외계층 사람들을 위해 소피는 말없이 헌신적으로 일했다. 이러한 모습은 그녀가 만나는 모든 사람의 마음을 사로잡는 따뜻한 웃음으로 하여 더 아름다워 보였다. 아, 소피의 그 웃음은 정말 바라보지 않을 수 없는 그런 것이었다!

그래서 버트는 자신을 냉정한 기술자라고 생각했지만, 그 매력에서 멀리 달아나기에는 너무도 무력했다. 당혹스럽게도 그는 가장 자신의 마음을 끄는 컴퓨터로 처리하는 과제까지도 소피의 웃음과 비교해 보면, 그 의미가 희미해진다는 걸 깨달았던 것이다. 그러나 더 난감한 것은 사랑하는 사람으로 소피를 대하지 못하는 그의 완전한 무능이었다. 그녀가 컴퓨터의 방정식으로 변해 버릴 수만 있다면! 그렇다면 그가 잘 다룰 수 있을 텐데. 그렇지만, 그것을 파괴해 버리고 싶은 마음이 들 정도로 그렇게 매력적으로 웃는 그 사랑스러운 아가씨의 수학적 매개 변수들은 도대체 무엇이란 말인가? 그리하여 버트는 소피에게 '먼 발치에서만' 구애하는 수밖에 없다고 생각했다.

그런데 한편 소피는 버트의 강렬한 성격에 결코 무관심하지 않았다. 실제로 그녀는 버트를 아주 좋아하고 있었다. 하지만 그렇게 완전히 현대과학의 마법에 홀려 꼼짝 못하는 남자의 구혼을 받아들일 준비는 되어 있지 않았다. 게다가 두 사람이 같은 신앙을 공유할 수 없는 한(버트는 막연히 불가지론에 빠져들고 있었으며, 반면 소피는 신앙심이 깊었다.) 그녀는 때를 기다리고, 하느님이 그의 마음을 움직여 주시기를 기다려야 할 것이었다.

　버트와 소피, 그리고 둘 사이의 무언의 사랑은 이처럼 돌아가고 있었다. 하느님이 사건의 진로를 변경시키시지 않았다면 사태는 아마 언제까지나 이런 식으로 계속되었을 것이다. 그 일이 일어난 사건의 전모는 이렇다.

　그날 저녁, 버트는 그의 아파트에서 자신의 가정용 소형 컴퓨터로 일에 열중해 있었다. 늘상 그렇듯이 그는 '무한정의 거대 도시' 계획과 관련되어 있는 천 가지 문제 중 하나를 해결하기 위해서 애쓰고 있었다. 이번 문제는 1억의 주민이 사는 도시의 요구를 충족시키기 위해 필요한 정신병원 수를 결정해야 하는 일이었다.

　그런데 모든 일이 순조롭게 진행되어 가더니 갑자기 컴퓨터 작동이 완전히 멈춰 버렸다. 버트는 이 상황을 고쳐 보려고 온갖 노력을 다 했지만 이 상태는 10분이나 계속되었다. 그러더니, 그가 낙담하여 고치기를 포기하고 그 다음엔 무엇을 해야 할까 골똘히 생각하며 담배에 불을 붙인 순간, 기계가 마치 눈에 보이지 않는 손에 의해 작동되는 것처럼 돌연 다시 생명력을 얻어 윙윙거렸다.

　그런 다음엔, 버트가 자판에 손을 대지도 않았는데, "버트, 자네에게 평화가 있기를!"이라는 메시지가 별안간 모니터에 나타났다. 청년은 믿을 수가 없어 눈이 휘둥그래졌다. 이런 일이 정말로 일어날 수 있는 것인가? 그때 어떤 생각이 갑자기 떠올랐다. 그는 분개하며 말했다.

　"빌어먹을! 누군가가 내 비밀 코드를 알아 내서 내 프로그램에 접근했군!"

물론 그의 말이 맞았다. 하지만 그는 그 누군가가 하느님이라는 사실은 모르고 있었다. 터무니없이 들릴지도 모르지만, 정말로 그날 저녁 하느님은 버트의 컴퓨터를 점거하여 기계의 회로를 통해 그와 대화를 나누고 계셨던 것이다.

물론 이 젊은 기술자가 자신이 실제로 하느님과 '이야기를 하고' 있다는 사실을 받아들이는 데는 매우 오랜 시간이 걸렸다. 별 기적 같지도 않은 일이라고 말할지도 모르지만, 그것은 정말 모두가 이상한 일들의 연속이었으며, 일 주일도 더 계속되었다.

예를 들면 이 사건 중 가장 먼저 일어난 일은, 이 청년이 아무 자료도 입력시키지 않았는데도 컴퓨터가 버트와 '이야기를 한' 것이었다. 컴퓨터는 처음엔 단지 버트의 생각을 읽어 내기만 했을 뿐이었다. 그러더니 그것은, 버트가 온 정신을 집중해 해결하려고 애쓰는 어떤 기술적인 문제라도 자신이 다 해결해 낼 것이라고 메시지로 알렸다. 컴퓨터는 매일 저녁 정확히 아홉 시에 그대로 그렇게 했다. 버트는 가정용 소형 컴퓨터가 풀지 못하는 문제들은 물론이고, 자신이 근무하는 정부 기관의 훨씬 더 복잡한 고성능 컴퓨터들을 사용해서 열심히 그 해답을 찾아오던 문제를 입력시키곤 했다.

그런데 이것을 컴퓨터는 해냈던 것이다! 아무리 복잡한 어떤 기술적 문제라도 컴퓨터는 1초 만에 섬광과도 같이 그 해답을 풀어 냈다. 점차 버트의 오만한 불가지론은 그 뿌리까지 흔들리게 되었다. 그런데 버트를 더 이상 버텨 낼 수 없도록 만든 최후의 신호가, 컴퓨터가 이상한 행동을 하기 시작한 지 8일째 되는 날 저녁에 나타났다. 갑자기 '너의 감추어진 죄들'이라는 말이 모니터에 번개와도 같이 나타났던 것이다.

그러고는 버트 혼자만 알고 있는 사악한 생각, 좋지 못한 결심, 태만함과 나쁜 행동들이 쭉 적힌 긴 목록이 한 치의 틀림도 없이 그 날짜와 정확한 그때의 상황과 함께 뒤따라 나타났다. 그런데 그것은 아무리 귀신 같은 첩보망이라 하더라도 인간으로서는 도저히 알아 낼 수 없는 그런 것이었다. 이것은 버트에게는 너무나 견디기 어려운 것이어서, 이날 저녁 그는 하느님이 그에게 말씀하고 계신다는 믿을 수 없는 사실을 받아들였다.

그러나 이것은 하느님께로 향하는 그의 개심의 시작에 지나지 않았다. 믿음은 어떤 영적 여정에서도 단지 첫번째 단계일 뿐이다. 그 다음 단계는 자신의 생각과 행동 형태를 철저히 바꾸는 일이 수반되어야 하는 것이다. 이것을 하느님은 버트에게 아주 분명하게 행하셨다. 그래서 버트가 하느님의 존재를 받아들인 바로 그날 저녁에 하느님은 청년의 재교육을 시작하셨다. 훌륭한 선생님처럼, 그분은 출발의 도약판으로서 버트의 컴퓨터 과학 지식과 또한 소피에 대한 그의 사랑을 활용하셨는데, 그것은 이것이 청년의 삶의 중요한 두 요소였기 때문이었다.

그 후로 여러 날 동안 저녁때마다 하느님은 컴퓨터를 통해 그를 깨우쳐 주시는 일을 계속하셨다. 이런 저녁때 사람들 눈에는 보이지 않는 방문객이 찾아온다면, 그는 예를 들어 다음과 같은 컴퓨터로 대화하는 것을 목격할 수 있었을 것이다.

"문제들을 해결하는 데에서 잘못된 것이 있습니까?"

버트는 무례한 태도로 이렇게 묻곤 했다.

그러면 대답이 모니터에 나타났다.

"그것이 사랑의 행위가 아니라면."

그렇지 않으면, 컴퓨터는 '무한정의 거대 도시' 계획을 포함해서 버트의 최근 연구에 대해 언급하곤 했다.
 "버트야, 큰 도시들은 큰 문제들을 야기시키고, 더 큰 도시들은 그보다 더 큰 문제들을 일으킨다는 것을 알지 못하느냐? 보다 큰 도시들이 아니라 보다 나은 인간을 만드는 것이 더 현명한 게 아니겠느냐?"
 혹은, 버트가 어떤 특별한 문제에 대해 완전히 논리적인, 그러나 완전히 비인간적인 관점으로 잘못 생각하는 과오를 저질렀을 때는 컴퓨터는 부드럽게 청년을 놀려 대곤 했다.
 컴퓨터는 모니터에 다음과 같은 메시지를 섬광처럼 보내곤 했다.
 "아, 버트, 네 논리는 너무나 빈틈이 없기 때문에 어리석은 실리주의에 빠지는 거야. 컴퓨터는 많은 문제들을 해결할 수는 있지만 지혜는 없지. 소피의 웃음을 생각해 보아라. 왜 네가 그 웃음에 매혹당하는지 아느냐? 그것은 그 웃음에는, 컴퓨터에서는 볼 수 없는 지혜와 동정심이 담겨 있기 때문이란다."
 마침내 버트에 대한 기본교육은 끝났다. 몇 달 동안 컴퓨터를 통해 대화를 나누어 오던 어느 날 저녁, 하느님이 그에게 그렇게 말씀하셨던 것이다. 말할 필요도 없이 이것은 단지, 버트가 단순히 기술자가 되려던 것을 그만두고 이제 그의 마음의 중심부를 향해 긴 내적 여행을 시작하게 된 데 지나지 않았다. 하느님이 그에게 조언해 주셨다.
 "네 재교육의 다음 단계는 소피가 지도해 줄 거다. 네가 그녀의 지혜를 받아들이기만 한다면 네 새로운 삶의 열쇠는 그녀가 쥐고 있단다."
 "그것이 무엇입니까?"

버트가 묻자 대답이 왔다.

"그건 동정심에서 나오는 지혜란다. 그것은 소피의 웃음에 모두 담겨 있단다. 그녀는 사회사업가로서 그녀의 담당 구역에서 매일 마주치는 모든 고통과 불행을 동정심 많은 그녀의 가슴에 받아들이지. 그러면 그것은 희망으로 바뀌게 된단다. 기술이나 과학이나 어떤 계획이 아니라 오직 사랑만이 삶을 지탱해 줄 수 있다는 걸 아주 잘 알고 있는 지혜로운 희망으로 말이야. 그녀의 웃음으로 이 모든 것은 밖으로 빛나게 된단다. 그 웃음을 이해하도록 배워라. 버트야, 그러면 너는 언젠가는 정말 인간다운 인간이 될 거다."

그때부터 버트는 소피가 도시의 슬럼가를 돌며 빈민들을 돌보는 데 동반하기 시작했다. 이것은 그에게는 그의 신념을 근본부터 흔드는 체험이었다. 이전에 기억장치에 단순히 자료로만 입력되어 있던 것이 구체적인 실제 모습으로 그의 눈앞에 나타나고 있었기 때문이었다.

그는 이제는 더 이상 '문제들'을 다루는 것이 아니라, 인간을 큰 도시의 냉혹한 무관심으로 짓밟힌 남녀와 아이들을 대하고 있었다. 정책에 영향을 미칠 아무런 발언권도, 재력도 없기 때문에 힘있는 사람들에게 무시당하는 힘없는 작은 이들을. 관료들의 상아탑에서 통계와 그래프로 축소되어 버리는 사람들을 바로 눈앞에 보고 있었다.

이러한 발견에서 받은 첫 충격이 지나가자, 버트는 이런 비참한 주위 상황에서 소피의 존재의 의미를 이해하게 되었다. 그녀는 그녀를 좋아하는 다른 많은 사람들처럼, 이른바 '진보'라고 부르는 파괴적인 결과를 작은 힘이나마 자신의 방식으로 경감시키려 노력하고 있었다. 그녀는 사람들을 사랑하고 상처를 어루만져 줌으로써 그렇게 했다. 그런 반면 입안자들은 점점 더 큰 도시들(물론 더 큰 빈민가가 존재하는)을 건설하려는 망상에 사로잡혀 있었다.

소피와 함께 여러 번 슬럼가를 돌아보는 동안에 버트는, 같은 인간을 그처럼 끔찍한 환경에서 살게 내버려 두는 시의회나 정부, 또 정치가들을 저주해 주고 싶은 마음이 굴뚝 같았다. 그럴 때마다 그는 화가 치밀어 항의하러 당장 시청으로 쳐들어가려 했지만 소피는 아무 말도 하지 않곤 했다. 그녀는 단지 아이를 팔에 안고, 뭐라고 말로 표현할 수 없는, 깊은 동정심에서 우러나온 따뜻한 웃음을 아이에게 지어 보이곤 했다. 이것은 그에게 즉각 영향을 미쳤다. 그러면 그는, 한창 그가 컴퓨터에 심취해 있던 시기에 누군가가 그의 '거대 도시' 계획의 어리석음을 그에게 깨닫게 해주려고 노력했더라면, 그는 그 문제에 대한 컴퓨터의 자료를 제시하면서 정중하게 그 주장을 반박했을 것이라는 사실을 기억하곤 했다. "그리고 컴퓨터는 절대 거짓말을 하지 않아." 하고 그는 의기양양하게 덧붙이곤 했었다. 물론 그것은 사실이었다. 그러나 컴퓨터는 아이들을 사랑스럽게 껴안아 주지는 않는다.

그러다가 마침내 버트가 기술직 고급관료들의 어리석음에 대해 무저항주의로 대응하며 화를 내지 않게 된 날이 왔다. 그날 그는 아이를 팔에 안고 아이에게 소피의 동정심에서 나온 것과 같은 미소를 지었다. 소피는 이것을 보았고, 그녀의 마음은 이 청년에게로 쏠렸다. 그녀는 그에게 몸을 기대고 두 사람은 서로 포옹했다. 그녀는 버트의 귀에 대고 속삭였다.

"인간으로 돌아오신 것을 환영해요."

물론 청년은 컴퓨터 과학에서의 그의 경력을 포기하지는 않왔다. 그는 왜 그렇게 했을까? 컴퓨터는 나쁜 것이 아니며, 실제로 대단히 유용하게 이용될 수 있는 것이기 때문이었다. 컴퓨터는 다만 인간 사이의 방정식을 푸는 데서만 무용할 뿐인 것이다.

 옛 격언에 이런 것이 있다.

 "웃지 않는 사람은 아무도 신뢰하지 말아라."

 그런데 컴퓨터는 웃지 않는다.

23
성인께서 돌아가셨다

"제 잘못을 감추고 잘될 리 없다.
제 잘못은 실토하고 손을 떼어야 동정을 산다."

잠언 28, 13

성인께서 돌아가셨다

  옛날 머나먼 한 마을에 수사 세 사람이 함께 살고 있었다. 그들은 인적 없는 산 속의 고독 속에서 훨씬 더 금욕적인 생활을 하기 위해 수도원을 떠나온 것이다. 그곳에서 그들은 조라는 한 단순하고 순박한 사람을 만났는데, 그는 한 뙈기밖에 안 되는 쬐그만 땅을 일구며 근근히 생계를 꾸려 가고 있었다. 그는 단순했으므로 그처럼 거룩한 사람들의 시중을 들도록 허락된 것을 명예롭게 여겼으며, 성당지기, 요리사 그리고 잡역부로 그 일에 애정을 갖고 그들의 시중을 들었다.
  이 은수자들 중 가장 나이가 많은 사람은 신비가인 세라피온이었는데, 그는 단 하루도 빼놓지 않고 하루에 일곱 시간을 무릎을 꿇고 기도하는 사람이었다. 두 번째로 나이가 많은 사람은 금욕주의자인 멜리턴이었는데, 그는 일 주일 동안을 아무것도 먹지 않고 고행에 몰입할 수 있는, 고행을 즐겨 하는 사람이었다. 가장 젊은 사람은 황홀경에 잘 빠지는 펠리먼이었는데, 그는 하느님을 관상하는 데 너무 몰두한 나머지, 주위에서 어떤 일이 일어나고 있든 전혀 염두에 두지 않고 자주 오랫동안 황홀경에 빠지곤 했다.

때때로 길 잃은 몇몇 여행자들이 잠을 자기 위해 그들이 사는 오두막에 잠시 들르곤 했다. 그들은 그 세 수사의 거룩함에 깊은 감명을 받아 자신들이 본 것을 이웃 마을에 전하곤 했다. 이리하여 시간이 흐름에 따라 거룩한 은수자들의 명성은 사방으로 퍼져 나가, 그 산 속의 거룩한 세 사람의 모습을 봄으로써 위안과 교훈을 얻고자 몰려드는 순례자들의 행렬이 끊일 줄을 몰랐다. 곧 이 모든 사람의 숙박의 편의를 위해 여관을 짓기까지 해야 할 정도가 되었다. 여기서 만능 잡역부인 조의 다재 다능함이 정말로 유용하게 드러났다.

조는 순례자들을 위해 큰 여관을 지었을 뿐 아니라, 이웃 마을의 상인들이 여관에 필요한 물품들을 공급하도록 계약을 맺어 두었다. 그는 한편으론 계속 은수자들의 시중을 들면서, 또 한편으론 그 자신이 직접, 배고픈 방문자들을 위해 하루 세 끼 음식을 만들고 식사 시중을 들었으며, 모든 숙박자에게 깨끗한 침구를 제공하고, 모든 것을 질서정연하게 잘 정리해 두었다. 정말로 조는 눈코 뜰 새 없이 바쁜 사람이 되었다. 그는 새벽부터 밤까지 모든 곳을 뛰어다니면서 누구에게나 웃으며 시중을 들었고, 모든 일을 깔끔하게 처리했다.

하지만 조에게는 한 가지 결점이, 그 자신이 보기엔 자신을 모든 죄인 중에서도 가장 큰 대죄인이라고 여기게 하는, 약점이라 할 수 없을지도 모르는 작은 약점이 하나 있었다는 사실을 덧붙여야겠다. 그것은 그가 맛있는 포도주라면 사족을 못쓴다는 것이었다. 그러나 그가 실제로 술에 취한 적은 한 번도 없었다. 하지만 그는 순례자들을 위해 그 맛있는 음료를 많이 저장해 두어야 했기 때문에, 종종 그들 중 누군가가 술을 함께 마시자고 할 때는 그 초청을 받아들이곤 했다. 그리고 그런 경우에는 가끔, 한 달에 한두 번 정도 지나치게 술에 취해 약간 비틀거리곤 했다.

그렇지만 결코 그것 때문에 그가 맡은 일을 조금이라도 게을리 하는 법은 없었다. 사실 조의 낯빛이, 그의 고된 일 때문이 아니라 포도주의 영향 때문이라는 것은 아무도 상상조차 할 수 없었다. 그러나 조는 알고 있었다. 그리고 그의 소소한, 술에 대한 탐닉을 세 대가의 금욕적인 생활과 비교해 보면서 그는 그것을 엄청난 죄라고 여기곤 했다. 따라서 오직 사람들에 대한 완전한 헌신만이 어느 정도 그것에 대한 속죄가 될 수 있다고 믿었다. 그래서 실수했을 때마다 그 다음엔 참회의 눈물이 뒤따랐고, 다음부터는 절대 포도주를 마시지 않겠다고 단호히 결심하곤 했다.

불행히도 결심은 지키기보다 무너지기가 더 쉬운 법이다. 조는 괴로워하면서 며칠씩, 때론 몇 주일씩도, 여관의 고미다락에 있는 그의 작은 방에서 아무도 모르게 혼자 간절히 하느님께 기도하며 자신의 성향에 저항하곤 했다. 그러나 곧 참을 수 없는 긴장과 불안이 그 자신 내부에 쌓이는 것이었다. 그리고 오랜 몸부림 끝에도, 몰려드는 수많은 순례자들의 무리가 특히 더 심하게 짜증을 냄으로써 그의 몸이 기진맥진하게 되는 날 밤이면, 그는 그의 저항이 자신에게서 슬며시 떠나가는 것을 느끼곤 했다.

그럴 때면 술 마시고 싶은 충동은 정말로 압도적으로 강렬해져서 조는 더 이상 거기에 저항할 수가 없었다. 그러면 또다시

성인께서 돌아가셨다

기막히게 맛나는 술을 두세 잔 마시고는 또 후회하는 악순환이 반복되었다. 이러한 것이 조의 생활이었다. 그것은 조 자신만큼이나 단순한 생활이었으며 두 가지 표현으로 요약될 수 있을 것이었다. 즉 조는 진심으로 모든 이를 사랑하고 섬겼으며, 또 한편 포도주 또한 좀 지나치게 좋아한다는 것이었다.

　이러한 것이, 은수자들이 은거하고 있는 성스러운 산 위에서 일어나고 있는 일들이었다. 이 신비가의 죽음을 알게 된 군중들은 즉시 외쳐 댔다.

　"성인께서 돌아가셨다! 성인께서 돌아가셨어!"

　그리고 세라피온이 큰 기도서를 손에 들고 천국 문 앞에 당도했을 때 성 베드로와 수많은 성인과 천사들이 그를 환영하기 위해서 이미 기다리고 있었다. 그들은 의기양양하게 그를 그리스도의 옥좌 앞으로 데리고 가서 "주님, 신비가인 성인 세라피온입니다."라고 소개했다. 예수님은 따뜻한 미소를 지으시며 말할 수 없이 품위 있게 오른손으로 그와 악수를 하셨다. 그러자 천국의 모든 사람이 소리쳤다.

　"성인이 왔다! 영광의 관(冠)을 받으러 성인이 왔다! 우리 함께 기뻐하자!"

　그렇지만 천국의 트럼펫이 환희의 찬가를 연주하기 시작했을 때, 예수님은 혼자말을 하시듯 중얼거리셨다.

　"글쎄, 성인은 아니지만 정말 경건한 사람이긴 하지."

　한편 지상에서 사람들의 삶은 계속되었다. 순례자들은 살아 있는 남은 두 은수자로부터 위안과 교훈을 얻으려는 기대로 성스러운 산으로 계속 몰려들었고, 조는 여전히 때때로 포도주에 취해 실수를 하면서 전적인 헌신으로 모든 사람의 욕구를 충족시켜 주는 일을 계속했다.

그러던 어느 날, 특별히 오랫동안 단식을 한 후 금욕주의자인 멜리턴이 죽었다. 즉시 군중들은 또 외쳐댔다.

"위대한 성인께서 돌아가셨다! 위대한 성인께서 돌아가셨어!"

멜리턴이 손에 빈 수프 그릇을 들고 천국 문 앞에 이르렀을 때 그도 마찬가지로 성 베드로와 천사들의 환호 속에 환영을 받았다. 그들은 그를 그리스도의 옥좌 앞으로 데리고 가서 소개했다.

"주님, 위대한 성인, 금욕주의자 성 멜리턴입니다."

예수님은 사랑이 가득한 눈빛으로 그를 내려다보셨고, 이에 천국의 모든 사람은 소리쳤다.

"위대한 성인! 위대한 성인이 영광스런 관을 받으러 왔다! 우리 함께 기뻐하자!"

또다시 그에 뒤따라 트럼펫이 연주되는 동안 예수님은 혼잣말로 중얼거리셨다.

"글쎄, 성인은 아니지만 정말 경건한 사람이긴 하지."

한편 지상에서는, 신비가 세라피온과 금욕주의자 멜리턴 두 사람의 죽음이 성스러운 산으로 꾸역꾸역 기어올라오는 순례자들의 행렬을 줄어들게 하지는 못했다. 군중들이 세 은수자 중 가장 높게 평가하는, 황홀경에 잘 빠지는 세 번째 은수자 펠리먼이 아직 머무르고 있었기 때문이다. 그는 기도에서는 세라피온의 열성에, 그리고 단식에서는 멜리턴의 엄격함에 필적했으며, 게다가 오랜 황홀경에 빠질 때 그의 얼굴은 정말로 천사의 얼굴처럼 빛났던 것이다.

이러한 경우 조는 호기심 많은 군중을 저지시키느라 이루 말할 수 없는 곤혹을 치렀다. 많은 사람들이 기념물로 그 수사의

성인께서 돌아가셨다

옷조각을 베어 가거나 심지어는 턱수염까지도 뽑아 가려고 했기 때문이다. 순례자들의 애착은 이다지도 강렬했던 것이다.

그러나 펠리먼도 어쩔 수 없이 우리 인간의 필연적 상황에 복종할 수밖에 없었다. 어느 날, 그는 특별히 오래 황홀경에 빠져 있다가 죽었다. 그러자 즉시 군중들은 외쳐댔다.

"아주 위대한 성인께서 돌아가셨다! 정말 위대한 성인께서 돌아가셨다!"

황홀경에 잘 빠지는 펠리먼이 타오르는 횃불을 들고 천국 문 앞에 다다랐을 때는 천국의 모든 조신(朝臣)들이 그를 기다리고 있었다. 그들은 기뻐 날뛰며 곧바로 그를 그리스도의 옥좌가 있는 큰 공식 알현실로 안내해 들여 소개했다.

"주님, 아주 위대한 성인, 황홀경에 잘 빠지는 성 펠리먼입니다."

이 말에 예수님은 아주 정중한 태도로 가볍게 고개 숙여 인사하셨고, 이에 천국의 사람들은 모두 드높이 칭송하였다.

"아주 위대한 성인! 아주 위대한 성인이 영광의 관을 받으러 왔다! 우리 함께 기뻐하자!"

그러나 또다시, 그에 이어 트럼펫이 연주되는 동안 예수님은 혼자말로 중얼거리셨다.

"글쎄, 성인은 아니지만 정말 경건한 사람이긴 하지."

세 은수자의 죽음으로 성스러운 산 위에는 급격한 변화가 찾아왔다. 순례자들의 행렬은 거의 즉시 끊겼고, 조만이 완전히 홀로 남았다. 그리고 세월이 흘러 그도 나이를 많이 먹게 되었다. 은수자들과 그들의 찬양자들의 시중을 드느라 쉴새없는 노동으로 그는 너무 일찍 늙어 버렸다. 어느 날 조 또한 죽었으나 아무도 그 사실을 몰랐고, 물론 "성인께서 돌아가셨다!"고

외치는 사람은 더더욱 없었다.

  조가 천국 문 앞에 도착했을 때 그는 기도서도, 빈 수프 그릇도, 타오르는 횃불도 들고 있지 않았다. 그는 빈손이었다. 물론 그는 평생 단지 은수자들의 시종에 불과했으며 더욱이 포도주를 너무나 즐겨 마셨던 자신을 대(大)성 베드로나 다른 어떤 성인이나 천사가 환영하기 위해 거기서 기다리고 있으리라곤 기대하지 않았다. 그래서 그는 누군가 중요한 명사(名士)가 올 때까지 기다리기로 했다. 아마 그의 지나간 자국을 따라 들어가도록 허락될 수는 있으리라. 그러나 바로 그 순간, 이게 어찌된 일이란 말인가! 문이 저절로 스르르 열렸다. 그리고 거기에 그리스도께서 경외스런 위엄을 갖추고 서 계셨다! 그분은 가장 좋은 포도주 한 병을 들고 계셨다. 그분은 조에게 다가와 그를 포옹하며 말씀하셨다.

  "안녕, 사랑하는 친구! 너는 평생 동안 나를 잘 섬겼다. 내가 너를 친히 천국에 기꺼이 맞아들이는 것은 지극히 온당하다."

  물론 천사와 성인들은 이 의외의 특별한 영접에 대해 들었을 때 깜짝 놀랐다. 그렇지만 오직 예수 그리스도께서만이 영원히, 경건한 사람들과 진짜 성인의 차이를 구별해 내실 수 있는 것이다.

산 들 바 람
―하느님께 다가가게 해주는 짧은 이야기들 6―

지은이 • 닐 기유메트
옮긴이 • 김성현
펴낸이 • 유광수

펴낸곳 • 성바오로 / 서울 강북구 미아9동 103-36
등록 • 제7-93호 1992. 10. 6

발행일 • 1997. 1. 15
1-2쇄 • 1998. 12. 15

취급처 • 성바오로 보급소
전화 • 986-1361~4
FAX • 986-1365 / SSP 434
통신판매 • 946-2792

값 5,500원
ISBN 89-8015-117-9